PAIS INTELIGENTES ENRIQUECEM SEUS FILHOS

GUSTAVO CERBASI

PAIS INTELIGENTES ENRIQUECEM SEUS FILHOS

SEXTANTE

Copyright © 2006 por Gustavo Cerbasi

Todos os direitos reservados. Nenhuma parte deste livro pode ser utilizada ou reproduzida sob quaisquer meios existentes sem autorização por escrito dos editores.

revisão
Hermínia Totti, Jean Marcel Montassier e Luis Américo Costa

projeto gráfico e diagramação
Valéria Teixeira

capa
DuatDesign

imagens de capa
imply/iStock (moeda de ouro), MicroStockHub/iStock (capelo)

imagem da página 144
Raul Junior / Você S.A / Abril Comunicações S.A.

impressão e acabamento
Lis Gráfica e Editora Ltda.

CIP-BRASIL. CATALOGAÇÃO NA PUBLICAÇÃO
SINDICATO NACIONAL DOS EDITORES DE LIVROS, RJ

C391p   Cerbasi, Gustavo, 1974-
           Pais inteligentes enriquecem seus filhos / Gustavo Cerbasi; Rio de Janeiro: Sextante, 2019.
           176p.; 16 x 23 cm

           ISBN 978-85-431-0882-7

           1. Finanças pessoais. 2. Crianças – Finanças pessoais. 3. Educação financeira. 4. Parentalidade I. Título.

19-59654   CDD: 332.024
                                                      CDU: 330.567.2

Todos os direitos reservados, no Brasil, por
GMT Editores Ltda.
Rua Voluntários da Pátria, 45 – Gr. 1.404 – Botafogo
22270-000 – Rio de Janeiro – RJ
Tel.: (21) 2538-4100 – Fax: (21) 2286-9244
E-mail: atendimento@sextante.com.br
www.sextante.com.br

A meus queridos e preciosos filhos
Guilherme, Gabrielle e Ana Carolina, que para mim
dão todo o sentido à palavra "futuro". E a Adriana, minha grande
companheira nesta jornada da vida, que para mim
dá todo o sentido à palavra "presente".

Sumário

Prefácio à nova edição 11

Introdução 13

1. **Pais e filhos sabem lidar com o dinheiro?** 19
   Onde o problema começa 19
   Por que jovens não sabem lidar com o dinheiro? 23
   Você está preparado para educar seu filho? 26

2. **Dá para contar com a escola?** 30
   A escola educa para a vida? 31
   Pais presentes na educação escolar 35
   Algumas escolas já se mobilizam 37
   O professor é o ponto de partida 39

3. **Como as crianças aprendem** 41
   "Não tem dinheiro? Então passa o cartão!" 43
   O comportamento do grupo 46
   O rigor das regras e da justiça 48
   Liberdade é um patrimônio infantil 49

4. **Seis princípios fundamentais na educação financeira** 54
   Princípio 1: VALORIZAR 56
      O que tem valor não tem, necessariamente, um preço 56
   Princípio 2: CELEBRAR 58
      Celebrações reforçam as conquistas 58

Princípio 3: ORÇAR 60
   Nem mais, nem menos. Seu limite é o que você tem 60
Princípio 4: INVESTIR 62
   Juros recompensam os poupadores 62
Princípio 5: NEGOCIAR 66
   Amigos, amigos, negócios à parte. Seu dinheiro vale mais na sua mão que na dos outros 66
Princípio 6: EQUILIBRAR 70
   Vida rica é vida em equilíbrio 70
A geração acelerada 73

5. **Seis atitudes fundamentais** 75
   Atitude 1: ENSINE TODOS OS DIAS 76
      Aprendemos por repetição 76
   Atitude 2: ENSINE COM DIVERSÃO 79
      Aprendemos por prazer 79
   Atitude 3: ENSINE PELO EXEMPLO 81
      Aprendemos por inspiração 81
   Atitude 4: ENSINE COM JUSTIÇA 83
      Aprendemos por obrigação moral 83
   Atitude 5: ENSINE COM HUMILDADE 85
      Aprendemos também quando ensinamos 85
   Atitude 6: ENSINE COM CARINHO 88
      Aprendemos por amor 88
   Como *não* se deve ensinar 89

6. **Ferramentas para o aprendizado** 93
   Mobilização nas escolas 93
   Quando o dinheiro surge na vida dos filhos 95
   Condições para os filhos receberem dinheiro 98
   O cofrinho saiu de moda, mas ainda é útil 101
   Mesada: o melhor instrumento? 103
      O que é a mesada? 104

       Mesada ou semanada? 107
       Como negociar a mesada 109
       Mesada maior, mais responsabilidade – e vice-versa 112
       Empréstimos e investimentos 114
       Orçamento e mesada 119
Ferramentas dos bancos e outras instituições 121
       Conta-corrente e caderneta de poupança 123
       Fundos de investimento e clubes de investimento 124
       Planos de previdência 127
       Simulações de compra e venda de ações 129
Livros, jogos e brincadeiras que ensinam a enriquecer 130
       Aprendendo pela leitura 130
       Aprendendo pela brincadeira 132
       Aprendendo com vivências cotidianas 134

7. **Conversas mais maduras ao longo do tempo** 136
   Maturidade para entender 138
   Quando e como introduzir novos temas 139
       Renda 140
       Orçamento doméstico 141
       Investimentos e patrimônio da família 144
       Herança 146
       Negócios da família 147
       Seguros 149
   Investimento na educação dos filhos: responsabilidade dos pais? 150
   Filhos não são investimento 154
   Emprestar para os filhos *versus* "paitrocinar" 155

8. **Filhos mais ricos** 158
   O que os pais deveriam esperar dos filhos adultos 159
   Riqueza da família 160
   Doar é parte do sentido da riqueza 162

Todos ganham 164
Nunca é tarde para ajudar seu filho 165

Agradecimentos 167

Apêndice: Jogo *Renda Passiva* 168

Prefácio à nova edição

Se tem uma profissão que eu sempre admirei e admiro cada vez mais é a de professor, uma atividade profissional heroica no Brasil, onde é desprezada por governantes e por pais e mães de uma geração consumista e desorientada. Decidir ser professor é, certamente, uma das escolhas mais altruístas que existem nos dias de hoje.

Não bastasse o desafio da falta de reconhecimento, os heróis que desempenham essa função ainda precisam administrar o avanço frenético e alucinado do conhecimento e das tecnologias. Com o avançar célere da ciência, informações que valem hoje podem não valer amanhã. Ferramentas que valiam até ontem, como livros didáticos, rapidamente caem em desuso ou precisam de atualizações frequentes.

Foi por acompanhar de perto o trabalho dos professores e coordenadores de meus filhos que decidi fazer ajustes neste texto. O manuscrito original nasceu em uma época em que ainda não se falava de bancos digitais, em que ainda se usava o cofrinho para preparar filhos para lidar com dinheiro, em que ainda se guardava dinheiro na poupança como se fosse uma boa opção. Muita coisa mudou em menos de dez anos. Hoje preparo meus filhos para boas decisões financeiras, mas também para o fato de que talvez raramente venham a manipular dinheiro vivo. Explico a eles como funciona um banco, mesmo sabendo que provavelmente jamais entrem em uma agência.

O trabalho de educar tende, cada vez mais, a ser uma tarefa contínua e infinita, pois, em um mundo com tantas transformações tecnológicas, jamais poderemos nos considerar prontos para o que vem à frente.

Pais inteligentes enriquecem seus filhos recebe, nesta nova edição, uma atualização pensada para auxiliar pais e professores não apenas a ensinar sobre o uso do dinheiro, mas também para prepará-los para o aprendizado necessariamente contínuo sobre as técnicas de construção e administração de riquezas de diferentes naturezas.

Além disso, acrescentei a esta edição um capítulo sobre uma ferramenta que ajudei a desenvolver com foco nos adolescentes. Trata-se do jogo de tabuleiro *Renda Passiva*, um instrumento lúdico de aprendizado e de convívio propositalmente feito para funcionar bem no mundo off-line. Muitos dos meus seguidores sugeriram que fosse desenvolvida uma versão on-line, ideia à qual ainda resisto, pois, sendo um jogo de estratégia educativo, é o acompanhamento das dúvidas e dos movimentos dos demais jogadores ao redor de uma mesa que trará aos participantes o desejado aprendizado durante momentos de diversão.

Meu objetivo com este livro continua sendo tornar mais simples e produtiva a tarefa de orientar para o bom uso do dinheiro. Foram anos de aplicação de conceitos em consultorias, aulas, palestras e rodadas de desenvolvimento do jogo para alcançar o conjunto de orientações que você encontra nas páginas a seguir, já validado por educadores, pedagogos, psicólogos e outros pais. Que você tenha muito sucesso ao colocar estes ensinamentos em prática!

Gustavo Cerbasi, São Roque, 2019

Introdução

Pais inteligentes enriquecem seus filhos é um projeto que nasceu no ano de 2006, com o título original *Filhos inteligentes enriquecem sozinhos*, em alusão ao meu best-seller *Casais inteligentes enriquecem juntos*. O jogo de palavras entre os títulos não era uma simples questão de marketing, mas sim uma crítica à equivocada postura dos pais, muito presente ainda hoje na classe média, de ambicionar a formação de reservas financeiras não para seu futuro, mas sim para garantir a moradia ou o primeiro carro dos filhos.

Um comportamento recorrente que observava entre as famílias que acompanhei como consultor era o de pais que percebiam, a certa altura, que seu esforço de poupança não seria suficiente para lhes garantir uma aposentadoria digna. Desesperançosos em relação ao próprio futuro, esses pais compensavam sua frustração com o argumento de que a insuficiente poupança poderia assegurar, no mínimo, a compra da moradia para os filhos e facilitar a vida deles. Esses pais supunham que, começando a vida financeira com menos dificuldades, seus filhos poderiam dar mais atenção ao próprio futuro e, com isso, evitariam repetir o erro dos genitores.

A atitude dos pais resultava em uma grande cobrança sobre os filhos, como se dessem o seguinte recado: "Não cuidei do meu futuro, mas estou dando uma forcinha ao seu. Não se esqueça de mim." Na prática, pais que fazem isso estão jogando o abacaxi no colo dos filhos.

Daí vem a crítica deste texto. Por mais que os pais não tenham cuidado de seu futuro como deveriam, sempre há algo a ser feito com o pouco dinheiro acumulado – montar um negócio familiar que gere renda, por exemplo. Também, por mais que os pais queiram proporcionar a seus filhos *uma vida financeira mais tranquila*, muito pode ser feito pelos jovens se eles souberem, simplesmente, fazer escolhas inteligentes com seu próprio dinheiro, mesmo que seja pouco no início da carreira. Filhos financeiramente bem-educados serão capazes de construir sua riqueza e independência financeira bem antes da tradicional meta de aposentadoria aos 65 anos de idade.

Quando escrevi o texto original, no início de 2006, eu ainda não tinha filhos. A Adriana engravidou quando eu comecei a escrever o livro – sinceramente, não sei se isso foi mero acaso. Na época, minha intenção de escrever se baseava na experiência que tive com a atividade de consultoria, acompanhando famílias com filhos, recomendando e recebendo comentários e críticas sobre meus conselhos. As recomendações que exponho nas páginas a seguir não são um simples exercício de intuição lógica, mas sim fruto de análises técnicas pautadas em profunda reflexão embasada em conhecimentos de economia, psicologia e sociologia, aplicadas, validadas e aprovadas por centenas de famílias. De certa forma, minhas recomendações vão além da crítica à atitude de pais e mães. Somo a esta crítica minhas ressalvas à visão puramente economicista, que sugere uma educação financeira baseada em conceitos matemáticos e racionais, pouco naturais para a intuitiva e emocional sociedade brasileira.

Após cinco anos, mudando a obra de editora, decidi revisar o texto e reforçar alguns argumentos que não surtiram o efeito que eu desejava. Acumulo também uma importante experiência que não tinha em 2006: três filhos maravilhosamente saudáveis, que já experimentam práticas sugeridas neste livro.

Confesso que educar meus filhos para o dinheiro tem sido mais difícil do que eu imaginava. Não que as sugestões que faço – eu efetivamente as executo! – sejam inadequadas. Pelo contrário, percebi na prática que minhas orientações são pragmáticas e perfeitamente compatíveis com a necessidade de educar para outros valores fundamentais, como ética e cidadania. Em razão do sucesso do livro *Casais inteligentes enriquecem juntos*, sou obrigado a lidar com a fiscalização ininterrupta de amigos, parentes e vizinhos, sem trégua. Sinto como se todos os conhecidos pensassem "Vamos ver se, na prática, a teoria é outra", procurando espeto de pau em casa de ferreiro. Não é fácil lidar com esse constante estado de vigilância. Além disso, há quem acredite que, por eu trabalhar com construção de riqueza, todos os presentes de meus filhos devam estar, de alguma forma, relacionados à minha atividade. É trabalhoso administrar, por exemplo, tios generosos que, juntamente com um porquinho, oferecem a minhas crianças uma nota de R$ 50 – no aniversário de dois anos! Mas essa batalha em particular tem sido vencida com certa perseverança de minha parte.

É importante destacar que, mesmo após três filhos, não encontrei mudanças significativas a fazer em minhas teorias. Como expliquei, as mudanças mais evidentes aconteceram nos argumentos e em novos exemplos que colhi nesse período.

Pais inteligentes enriquecem seus filhos ainda é um livro feito para famílias e educadores que, após a estabilização da economia brasileira, começaram a perceber os bons efeitos da baixa inflação e do sistema financeiro mais seguro e estável. A mídia tem dado grande atenção a essa nova preocupação das famílias brasileiras, que buscam entender de temas como investimentos, bancos, ações, imóveis, independência financeira e a busca do primeiro milhão.

O Brasil de hoje é um país maravilhoso para quem quer construir riqueza, mas muitos se questionam: por que não nos contaram isso na escola? Ou na faculdade? Não importa a idade em que um adulto tem contato pela primeira vez com boas informações sobre dinheiro ou com um consultor financeiro. A impressão que temos é de que sempre despertamos tarde para o assunto. "Ah, se eu tivesse começado aos 18 anos..." é uma frase que ouço com muita frequência.

De fato, quem pensa assim está provavelmente certo. Seria bem mais fácil construir riqueza se começássemos cedo. Considero menos difícil convencer um estudante que recebe R$ 600 mensais de bolsa-estágio a poupar 30% do que ganha do que convencer um chefe de família de 50 anos a poupar 10% da renda, se ele nunca cultivou o hábito de fazer reservas. A segunda tarefa é praticamente impossível. Esse adulto dirá que seus filhos estão na faculdade, precisam de livros e roupas, têm que comer bem, e, em função de necessidades tão fundamentais, a família está sempre vivendo sob restrições desagradáveis.

Mas adultos que têm dificuldades para lidar com dinheiro estão buscando respostas a seus problemas pessoais, ao mesmo tempo que sua mente alarmada os avisa que seus filhos podem ter um futuro bem mais próspero se a orientação adequada chegar no momento propício. Também pensam assim os adultos que, mesmo não tendo problemas financeiros, aprenderam a administrar suas finanças após duras lições aprendidas com perdas.

Neste livro, você verá como atitudes simples e ferramentas interessantes podem ser utilizadas para que seus filhos adquiram uma postura bastante saudável em relação ao dinheiro. Não proponho aqui um curso de matemática financeira nem de economia, mas sim um conjunto de métodos e ferramentas que, em meu trabalho como consultor financeiro, vejo funcionar de forma muito eficiente nas famílias e aplico na relação com meus filhos.

O texto refere-se frequentemente a pais e mães, mas levo em consideração que o livro será lido também por educadores, tios, padrinhos, avós e todos aqueles que resolveram assumir parte da responsabilidade de construir um futuro digno e próspero para crianças frágeis mas espertas, que multiplicarão nossas heranças – não só financeiras, como também morais – no futuro. Não importa seu grau de participação na concepção da criança ou das crianças que o inspiram a ler este livro. Sua nobre preocupação merece ser adjetivada como maternal ou paternal.

Como venho de família de origem modesta, não contei com um berço de ouro para garantir presentes, brinquedos, cursos e livros com a abundância que meus pais desejariam me proporcionar. Mas o fundamental não me faltou: a riqueza não material – muito convívio familiar, momentos memoráveis, bons professores (nem sempre na escola), brincadeiras de rua e o amor infinito de pais, tios, avós, padrinhos e amigos.

Como sei que você, pai ou mãe, pode também garantir esse fundamental a seus filhos, acredito que a leitura das páginas a seguir será o primeiro passo para erguer um belo castelo de riquezas em sua família ou para perpetuar um patrimônio que vocês vêm mantendo ou construindo com perseverança e disciplina.

Por que começar cedo? Quanto poupar por mês, na caderneta de poupança, para acumular até os 65 anos uma reserva de R$ 100 mil em valores atuais[1]

Idade de início	Aplicação Mensal
20	R$ 102,81
25	R$ 124,04
30	R$ 151,85
35	R$ 189,56
40	R$ 243,11
45	R$ 324,40
50	R$ 461,17
55	R$ 736,69

Veja como a acumulação de poupança – uma forma de riqueza material – é menos sacrificante quando iniciada cedo. Quem almeja formar uma reserva de R$ 100 mil para, digamos, iniciar um negócio próprio aos 65 anos precisa deixar de gastar R$ 124,04 por mês dos 25 anos em diante. Se deixar para começar esse esforço aos 55 anos, terá que deixar de consumir R$ 736,69 por mês, praticamente seis vezes mais, numa fase em que o custo de vida é bem maior.

---

[1] No cálculo, considerei rendimentos reais de 0,2% ao mês.

Por que se educar? Veja como a escolha de um investimento que renda o triplo da caderneta reduz o valor da aplicação mensal para se atingir os mesmos R$ 100 mil até os 65 anos[2]

Idade de início	Aplicação Mensal
20	R$ 24,56
25	R$ 35,80
30	R$ 52,62
35	R$ 78,32
40	R$ 118,88
45	R$ 186,23
50	R$ 308,20
55	R$ 568,01

Tomando alguns cuidados para assegurar uma rentabilidade um pouco melhor para seus investimentos, o esforço para formar poupança é bem menor. Repare como, para quem começa a investir aos 25 anos, o valor a poupar caiu de R$ 124,04 para R$ 35,80 por mês. A diferença, de R$ 88,24, permite consumir mais e torna o ato de poupar menos sacrificante. Além disso, com rendimentos melhores nos investimentos, o efeito de longo prazo se intensifica: se você deixar para começar a poupar aos 55 anos, o esforço terá que ser quase 16 vezes maior (R$ 568,01/R$ 35,80).

Escrevo meus livros porque acredito que começar cedo e da forma correta pode diferenciar um milionário de um endividado. Porém, deixar uma herança para os filhos não se resume a deixar um monte de dinheiro, mas sim ensinar-lhes a competência para cuidarem de seus próprios recursos. O papel dos pais é formar filhos que, quando adultos, não precisem deles. Por isso, convido-o a uma leitura tranquila e sem pressa, procurando absorver e colocar em prática cada um dos ensinamentos que preparei com este trabalho.

Boa leitura!

---

[2] No cálculo, considerei rendimentos reais de 0,6% ao mês.

1

Pais e filhos sabem lidar com o dinheiro?

Onde o problema começa

Os motivos que trazem este texto às mãos de pais e educadores são certamente nobres. Preocupação com a segurança das crianças, percepção de que o caminho é mais fácil quando iniciado desde cedo e de que os ensinamentos sobre riqueza só foram incluídos há pouco tempo no currículo escolar talvez sejam alguns deles.

Contudo, reconheçamos os fatos. É muito provável que tal preocupação decorra de uma constatação alarmada de que é possível – você só não sabe como – levar aos filhos um bom punhado de orientações que, se estivessem a seu alcance em sua infância ou adolescência, teriam lhe permitido estar em situação financeira bem melhor hoje.

Como seres racionais, aprendemos com ensinamentos e com reflexões sobre nossos erros. E, no curso de sua vida até adquirir a maturidade, é provável que você tenha errado bastante em escolhas de consumo, de investimentos ou de financiamentos. Hoje, ciente dos erros que talvez tenha cometido, sabe que muitos deles se deveram à simples falta de referências, ou à influência de amigos ou parentes, que evidentemente também erram, ou ainda à ausência de alguém a quem recorrer para esclarecer dúvidas sobre dinheiro.

Não é culpa sua. Seus pais, avós de seus filhos, não tinham condições de lhe ensinar muita coisa sobre planejamento financeiro, pois viveram a maior parte da vida em uma realidade bem diferente da de hoje. Antes da década de 1980, o forte crescimento e a urbanização das cidades brasileiras faziam da aquisição de imóveis uma regra universal para enriquecer. Após esse período, a sociedade brasileira mergulhou num ambiente de inflação fora de controle, época em que um trabalhador não tinha como prever qual seria seu salário no mês seguinte. Seus pais não podiam ensiná-lo a confiar em bancos, pois o sistema financeiro brasileiro era muito mais frágil até 1999, quando foram instituídas regras rígidas[1] para limitar o risco daquelas instituições. Não contavam com as numerosas, seguras e rentáveis alternativas de investimento de que dispomos hoje, nem com o enorme volume de informações financeiras que encontramos atualmente em jornais, revistas, televisão, rádio e internet, em grande parte sem custo nenhum. Obviamente, seus pais também não tiveram na escola noções de economia doméstica e enriquecimento. Muitos avós de hoje nem sequer tiveram a oportunidade de cursar uma escola!

Somemos a essa realidade o passado pobre do Brasil, que assistiu, nas últimas décadas, a uma interessante elevação no padrão de vida de grande parte da classe média. Muitos pais de hoje tiveram uma infância repleta de restrições financeiras. Mesmo que seus pais tenham tido a oportunidade de lhes assegurar um nível mínimo de conforto em termos de alimentação, vestuário, moradia, educação e saúde, é inegável que nossa classe média teve sua infância e adolescência menos consumista do que a dos jovens de hoje. Crescemos com uma sensação de "falta", de privações, apesar do esforço constante e das conquistas de nossos pais.

Presentes eram menos frequentes. Crianças de hoje esperam muito mais do que celebrações de datas festivas. Esperam compen-

---

[1] A Resolução nº 2.682/99, do Conselho Monetário Nacional, obriga os bancos a cobrir todo o risco de suas operações de crédito com provisionamentos de recursos em caixa. Em outras palavras, se algum cliente deixar de honrar as dívidas contraídas num banco, esse banco não deixará de honrar as obrigações com clientes que nele investiram. A mesma resolução define os procedimentos para apuração dos níveis de risco das operações e estabelece que o Banco Central do Brasil deve fiscalizar mensalmente o cumprimento das regras pelos bancos. Com isso, grandes bancos têm possibilidades mínimas de não conseguir honrar seus compromissos com clientes.

sações, com presentes de significativo valor monetário, de todo o tempo que seus pais deixaram de dedicar à família em nome do trabalho. Na cabeça de muitas, o trabalho que afasta seus pais de seu convívio é o preço a pagar para ter muito dinheiro e poder comprar muitas coisas. Itens de luxo do passado, consumidos apenas em eventos especiais, como refrigerantes, salgadinhos e um sem-número de produtos industrializados, tornaram-se mercadorias de consumo cotidiano. As referências de consumo evoluíram.

Talvez uma das três reflexões a seguir tenha feito parte de sua infância ou adolescência:

Sobre a renda – *Papai sai de casa cedo todos os dias, ainda antes de o sol nascer, passa o dia inteiro fora e volta tarde, céu já escuro. Quando chega, nem tem tempo para falar com a gente, às vezes fica bravo com a mamãe, nem parece que gosta de estar em casa... Tanto sacrifício, e mesmo assim tudo é tão limitado, não dá para comprar muita coisa no mercado, não dá para ter a camiseta do meu time de futebol. Deve ser duro trabalhar tanto e ganhar tão pouco...*

Sobre o consumo – *"Pai, mãe, será que o Papai Noel vai me dar uma bicicleta de presente?", perguntei uma vez. A resposta não foi exatamente a que eu gostaria de receber. Tudo bem que eu deveria ser uma criança bem-comportada, não fazer mal a nenhuma outra criança, respeitar os adultos e ir bem nas avaliações da escola. Mas por que meus pais disseram que, para o Papai Noel me trazer uma bicicleta, eu teria que abrir mão de meus presentes de aniversário e de Dia das Crianças? Tão poucas datas para ganhar presente e eu teria que sacrificar duas para conseguir realizar meu sonho?!*

Sobre luxos – *Chegou o fim de semana. Sábado e domingo são especiais não só por serem os dias de descanso da escola. São dias de ver os avós, parentes, padrinhos e de passear. Isso significa ter alguns luxos que não temos durante a semana.*

Quem sabe meus pais compram um picolé na praça... Se não comprarem, tudo bem, porque no domingo almoçaremos com vovô e vovó e eles nos darão balas e abrirão uma garrafa de refrigerante para dividir com todo mundo. Uma fartura!

Muitas famílias de hoje ainda vivem a realidade mostrada nas cenas descritas anteriormente. Vida simples e regrada. Apesar de não faltar nada do que uma família precisa para estar bem, pelo menos na percepção das crianças não há grandes luxos como aqueles de que as famílias das novelas usufruem.

No entanto, uma parcela muito grande de nossa classe média enriqueceu juntamente com o país, aproveitando as oportunidades que surgiram com a abertura do mercado brasileiro e com a estabilidade da economia a partir de 1995. E, ao enriquecer, optou por rejeitar a vida um pouco mais simples de sua infância e decidiu correr atrás de um padrão de consumo mais elevado. Em outras palavras, decidiu batalhar contra aquela sensação de "falta" que permeou seus primeiros anos de vida.

A nova classe média quer satisfazer os desejos de seus filhos, mas faz isso de forma não planejada e sem medir as consequências. Não há data certa para luxos nem para comemorações. Como o casal moderno trabalha, sobram poucos minutos por semana com a família, e esses poucos minutos devem ser transformados em celebração. Como trabalhamos muito e ganhamos muito mais, criamos a ilusão de que podemos compensar nossa ausência com a compra de bem-estar para os filhos.

Resultado: no passado, as crianças sentiam falta de mais luxos em sua família; as crianças de hoje, rodeadas de luxos, sentem falta da família. O pior é que muitos pais acreditam que suprem essa falta simplesmente por conseguir comprar tais luxos. Algo precisa mudar – e você sabe disso.

No passado, as crianças sentiam falta de mais luxos em sua família. As crianças de hoje, rodeadas de luxos, sentem falta da família.

Por que jovens não sabem lidar com o dinheiro?

Adultos que criam filhos numa sociedade repleta de oportunidades profissionais para pais e mães acabam trocando boa parte da tarefa de criá-los pela oportunidade de incrementar ganhos e proporcionar um padrão de vida melhor à família. Por isso, acabam por confiar essa tarefa a babás, avós, professores e toda sorte de educadores. É uma troca difícil e dolorosa, mas muito bem-intencionada.

Mesmo as pessoas que passam a interagir com as crianças durante mais tempo que os pais delas podem ser bem-intencionadas. Mas as boas intenções, infelizmente, não suprem limitações próprias da formação dessas pessoas.

Minhas considerações sobre avós que viveram a maior parte da vida num ambiente financeiro turbulento e inseguro justificam meu alerta. Adultos também precisam esforçar-se para aprender os benefícios do planejamento financeiro em uma economia estável, pois essa realidade é recente em nossa cultura. Some-se a isso a conhecida generosidade de muitos avós, que com presentes em excesso e flexibilidade nas regras – quaisquer regras! – tendem a formar jovens mimados e com uma falsa visão do sacrifício dos pais. Por mais que se esforcem em contrário, avós com esse tipo de costume tendem a mimar seus netos. Isso não é errado, desde que não sejam os avós as figuras mais presentes na educação dessas crianças. Por isso, na maioria das famílias, podem não ser as pessoas certas para iniciá-las nas finanças.

Também não podemos esperar milagres de babás ou quaisquer pessoas que se encarreguem do cuidado provisório dos filhos. A maioria das pessoas que desempenham essa atividade é de origem desprovida de recursos, o que provavelmente as privou de uma educação diferenciada em escolas privadas. É sabido que o ensino público brasileiro há décadas carece de qualidade para as disciplinas curriculares básicas. Não é sensato cobrar dessas pessoas uma capacidade inata de construção de riqueza. Quando a têm, são exceção.

Se estão fora da média e têm boa formação e discernimento para educar bem nossos filhos, são profissionais que demandam dos pais as ferramentas adequadas para cumprir bem seu trabalho. Se os pais não souberem o que e como ensinar a seus filhos, essas pessoas simplesmente não o farão no lugar deles.

Os brasileiros estão começando a entender o significado de planos de previdência, planejamento de longo prazo e investimentos para uma aposentadoria segura. Não é razoável esperar que um jovem profissional de qualquer área de ensino seja também um especialista em educação financeira ou construção de riqueza. As condições econômicas necessárias ao sucesso de planos de longo prazo surgiram somente após o Plano Real, nos anos 1990. Somos todos iniciantes nesse tipo de conhecimento.

Por tudo isso, não é sensato confiar totalmente a terceiros todo o desenvolvimento de nossos filhos. Avós podem suprir a noção de família ou a falta de carinho. Babás podem suprir as necessidades de asseio, organização e alimentação. Professores podem ensinar o plano curricular previsto por nosso arcaico modelo educacional e ajudar na socialização de nossos filhos. Outros profissionais podem ensiná-los a dançar, cantar, jogar, nadar e desenhar. Mas a tarefa de incutir valores na vida de nossos filhos e de ajudá-los a administrar suas capacidades e seus ganhos financeiros compete aos pais.

Isso não é novidade para nenhum pai ou mãe, pois até hoje não tive contato com ninguém que tenha confiado ao professor ou à babá a tarefa de decidir quanto os filhos mereceriam de mesada. É um assunto intimamente relacionado ao padrão de vida e aos valores familiares, coisas que só a própria família tem condições de dimensionar.

Mas a maioria dos pais ainda não percebeu isso. Agem apenas por intuição. Isso faz com que a maioria dos jovens, seus filhos, sinta-se completamente desorientada quanto ao bom uso de mesadas, poupanças e presentes. Muitos aprenderão as regras a duras penas, após errar muito, como aprenderam os adultos que hoje se preocupam com seus filhos. Por isso, fico feliz com o fato de você, através deste livro, buscar soluções que ajudem a reduzir os erros de seus filhos. Sua atitude os fará lidar melhor com o dinheiro.

Uma semana antes da festa de aniversário de um sobrinho, perguntei-lhe o que mais gostaria de ganhar. Como ele iria fazer apenas quatro anos, eu não esperava nada absurdamente caro como resposta. Minhas expectativas se confirmaram. "Tio, o que mais quero é uma luva de beisebol, porque pedi um taco para meu pai!" Surpreendi-me um pouco com a resposta, tanto pela simplicidade do pedido quanto pela originalidade – por que não uma bola de futebol, já que não se joga beisebol no Brasil? Ao chegar à festinha e entregar a luva de presente, vi que ela não teria mais utilidade. "Tio, vamos jogar o videogame que meus pais me deram?"

Aquilo me incomodou. Sem o taco, meu presente não teria utilidade alguma. Ao perguntar aos pais o porquê da escolha de um presente de várias centenas de reais para um filho com expectativas bem mais modestas, a resposta foi: "Tinha que ver a alegria dele!" Contaram-me que só faltou o filho subir pelas paredes de tanta felicidade. Na opinião deles, valeu cada centavo gasto.

Na minha modesta e econômica opinião, uma criança sobe pelas paredes de alegria até mesmo quando seus pais a levam para a beira de um lago, com um pão na mão, para dar de comer a peixinhos e patos. Alguns meses depois, ao visitá-los, percebi claramente os efeitos de uma má escolha. Os pais estavam frustrados. "Ele não desgruda do videogame!" era uma das queixas. "Toda vez que queremos sair de casa, ele impõe a condição de comprarmos um novo jogo para o videogame." Os pais estavam desesperados. Culpa da criança?

Você está educando seu filho para o dinheiro ou simplesmente para o consumo?

Você está preparado para educar seu filho?

Um passo importante para instituir no lar um clima propício à conversa e ao aprendizado sobre dinheiro é identificar as barreiras impostas a tal clima pelos próprios pais. O teste que apresento a seguir relaciona algumas questões e ferramentas importantes para a educação financeira de crianças e adolescentes. As próprias alternativas oferecidas já o induzirão a entender alguns aspectos essenciais ao bom aprendizado sobre finanças. Assinale ou anote numa folha de papel as respostas a cada pergunta, com sinceridade. Em caso de dúvida ou quando determinada situação não se aplicar a sua família, escolha a alternativa que mais se aproxima de sua realidade ou aquela que você acredita que aconteceria em situação semelhante em seu lar.

1. *Quanto ao tempo que dedico a meus filhos:*
a) venho dedicando pouco tempo a meus filhos e sei que preciso mudar isso;
b) por ser escasso, dedico-me exclusivamente a brincadeiras e convivência ou exclusivamente a orientações quanto a suas tarefas escolares;
c) consigo equilibrá-lo com atividades tanto de lazer quanto de apoio ao desenvolvimento e à educação.

2. *O aprendizado de meus filhos sobre dinheiro hoje depende:*
a) do conteúdo e das atividades ensinados na escola;
b) da escola e da observação de meus filhos em relação aos hábitos das pessoas que os rodeiam;
c) além do que aprendem fora de casa, da forma bastante ativa com que procuramos enfatizar informações importantes e tirar lições das diversas situações cotidianas.

3. **Pensando num cofrinho ou em outra forma de guardar dinheiro cuja acumulação dependa essencialmente da disciplina dos meus filhos, posso dizer que:**
a) eles não têm ou nunca tiveram;
b) têm ou já tiveram, mas nunca demos muita atenção a isso;
c) têm ou já tiveram, e eles periodicamente fazem compras com o que conseguem acumular.

4. **Quanto a minha vida financeira pessoal:**
a) está uma bagunça, desequilibrada, eventualmente ou sempre com dívidas, ou com pouca ou nenhuma reserva financeira;
b) tirando um ou outro deslize, consigo manter-me equilibrado, sem dívidas, mas também sem reservas financeiras;
c) mantenho um controle financeiro pessoal disciplinado, com anotações de meus gastos, um razoável pé-de-meia e alguns planos traçados para adquirir bens no futuro.

5. **Quanto às conversas em família sobre dinheiro:**
a) em casa não é comum conversarmos sobre dinheiro;
b) quando tratamos de dinheiro, procuramos preservar as crianças e mantê-las longe da conversa;
c) as crianças participam de praticamente todas as conversas sobre planos e gastos da família, até contribuindo para nossas escolhas.

6. **Quando vou com meus filhos ao shopping ou a qualquer situação de compra:**
a) eles fazem questão de adquirir algo de presente para si também e, se não levam, fazem um grande escândalo ou ficam emburrados;
b) apesar de eles serem controlados e saberem quando a ida ao shopping é para comprar algo para eles ou não, eventualmente voltamos brigados pelo fato de o desejo deles não ter sido atendido;
c) eles não cultivam expectativas de adquirir presentes fora de época,

o que faz de cada ida ao shopping com as crianças uma rotina sem problemas.

7. *Ao comprar jogos e livros para meus filhos:*
a) deixo a cargo deles a opção pelo item favorito;
b) procuro adquirir produtos que enfatizem a diversão, afinal serão utilizados em momentos de lazer;
c) busco sempre um conteúdo educativo, vasculhando atentamente as informações a respeito e evitando comprar itens que nada tenham a contribuir para a criatividade, o raciocínio ou o conhecimento.

8. *Quanto ao interesse de meus filhos por dinheiro:*
a) não há muito interesse ou eles ainda são jovens para isso;
b) eles demonstram curiosidade, às vezes com questionamentos interessantes;
c) eles são extremamente atentos ao dinheiro, fazem questão de participar das atividades de compras, procuram guardar sempre que possível e não perdem uma oportunidade de conseguir algum trocado extra.

9. *Quando sou subitamente interpelado por meus filhos sobre questões relativas ao dinheiro:*
a) fujo do assunto ou evito aprofundar-me nas explicações, por entender que ainda é cedo para falar de dinheiro com eles;
b) explico de forma simples, em poucas palavras, e depois falo que, quando eles começarem a ganhar dinheiro, entenderão melhor o que quero dizer;
c) interrompo o que estou fazendo, ou peço alguns minutos para concluir a atividade, e então me organizo para abordar longamente a dúvida levantada, até que eles se sintam satisfeitos com a explicação.

10. *Estou lendo este livro porque:*
a) ele me foi presenteado ou recomendado por alguém;

b) deparei com ele na prateleira da livraria ou em alguma fonte de informação e achei o tema interessante;
c) estou há algum tempo profundamente interessado em preparar meus filhos para uma vida mais rica e estava procurando ajuda.

Pontuação

Atribua, para cada resposta:

a, 1 ponto;

b, 2 pontos;

c, 3 pontos.

Resultados do teste

10 a 15 pontos: a relação entre você, seus filhos e o dinheiro é muito pobre. Por dificuldades que você provavelmente tem no trato com o dinheiro, seus filhos podem estar se encaminhando para um futuro sujeito a tropeços e endividamentos. Por sorte, é possível fazer muito pelo futuro dos filhos, seja qual for a idade em que iniciamos, e o livro que você tem em mãos pode ajudá-lo nessa tarefa.

16 a 25 pontos: aparentemente você e seus filhos têm uma relação saudável com o dinheiro, mas com boas oportunidades de melhoria. Falta diálogo sobre o assunto e, por isso, a adoção de algumas práticas didáticas pode iniciar um intenso desenvolvimento dos conhecimentos financeiros de seus filhos, uma vez que eles não demonstram total desinteresse pelo assunto.

26 a 30 pontos: parabéns! Você vem criando uma rica relação entre seus filhos e o dinheiro. Contudo, nunca é demais adquirir novos conhecimentos e ideias para fortalecer nossas qualidades, por isso a leitura deste livro pode ajudá-lo a focar melhor suas orientações.

Autoconhecimento é fundamental para transformar uma realidade.

2

Dá para contar com a escola?

Até que ponto podemos contar com a escola na tarefa de preparar nossos filhos para a vida? Essa é uma questão polêmica, uma vez que a intensa competitividade do mercado de trabalho e o aumento do grau de expectativa dos pais em relação ao futuro desempenho profissional dos filhos vêm transformando parte das escolas numa espécie de fábrica de vestibulandos. Mais do que por sua capacidade de preparar crianças e jovens para a vida, o sucesso de algumas escolas costuma ser medido por sua eficiência em prepará-los para passar em provas.

Quando uma escola oferece atividades complementares ao currículo tradicional exigido nos vestibulares, como práticas esportivas, atividades externas, aulas de culinária ou mesmo de economia doméstica, tais atividades são tratadas como opcionais ou "extracurriculares". São oferecidas como luxos de escolas privadas, cujo público pode pagar mais por esse diferencial.

Quem não possui condições de pagar polpudas mensalidades escolares tem de contar com escolas que se restringem a oferecer o currículo básico exigido pelo Ministério da Educação (MEC). Na maioria dos casos, transmitido por professores mal remunerados e consequentemente mal preparados, cuja preocupação resume-se a fazer com que os alunos tenham um grau mínimo de aproveitamento em provas. Professores preocupados de verdade com a formação moral e a construção de valores são, infelizmente, minoria nas escolas populares. Em muitos casos, o motivo disso é a falta de reconhecimento de suas tentativas passadas, seja por parte de alunos, de coordenadores ou até mesmo de pais.

Por outro lado, professores capacitados a educar bem são cada vez mais intimidados e pressionados por pais que, numa atitude um tanto irresponsável, mimam seus filhos e colocam os educadores contra a parede quando estes elevam a voz ou repreendem os pequenos príncipes e princesas. Infelizmente, não são raros os relatos de professores que já sofreram, nas escolas de classe média alta, a mais abominável das coerções: a oferta de dinheiro ou de presentes em troca de tratamento diferenciado a determinado aluno. Péssimo exemplo para um filho, fazendo da corrupção uma lição às avessas do que o dinheiro pode fazer pelas pessoas.

Assim como ocorre no campo das finanças, escolhas ruins na educação mostrarão seus efeitos apenas no futuro. Apesar de ser papel da escola oferecer aos jovens a maior parte do conhecimento que eles acumularão na vida, é papel dos pais selecionar a escola de seus filhos. Por isso, não basta confiar as crianças às escolas tradicionais, ou então à mesma escola em que se estudou quando pequeno se ela não tiver se renovado.

Cabe aos pais dedicar tempo a pesquisar as melhores escolas, avaliando detalhes curriculares, metodologias de ensino, abertura à participação e ao envolvimento dos pais e preocupação não somente com o conhecimento, mas também com a formação do caráter. É uma missão que consome muito tempo, preço a pagar pelas melhores escolhas. Cabe também aos pais adotar uma postura responsável e compartilhar com a escola as regras propostas para o bom funcionamento do modelo educacional escolhido.

A escola educa para a vida?

Se, durante a leitura deste texto, você começasse a sentir uma forte agulhada no lado esquerdo do peito, com a visão escurecendo, um formigamento percorrendo o lado esquerdo do corpo, do maxilar até as mãos, o que faria? Tentaria relaxar e curtir a sensação? Tenho certeza de que não.

Talvez você não tenha percebido, mas alguns de seus professores buscaram, por meio de seu trabalho, prepará-lo para algo além do vestibular. Propositalmente ou não, nossos professores de Ciências ou de Biologia incentivaram-nos a digerir – ou talvez nos enfiaram goela abaixo mesmo – algumas informações importantes para nossa sobrevivência. Se você teve professores bem preparados, talvez tenha aprendido com eles algo sobre sintomas de um enfarte. Mesmo que fossem excessivamente pragmáticos e limitados ao currículo, ao menos lhe ofereceram um mínimo de informação que serviu de base para que, um dia, ao folhear o jornal, você se interessasse por uma matéria de utilidade pública que orientava sobre os procedimentos recomendados em caso de enfarte. Por isso, ao sentir sintomas como os descritos no parágrafo anterior, você sabe que não pode simplesmente relaxar. Deve pegar na mão da pessoa mais próxima, não importa se conhecida ou não, e pedir que o encaminhe o quanto antes a um ambulatório ou aos cuidados de um médico. Deve tossir e bater forte no peito, para estimular o coração. Noções facilmente assimiláveis por qualquer pessoa que um dia tenha assistido a uma aula sobre o músculo mais importante para nossa sobrevivência.

Durante anos, cultivei um forte rancor contra uma professora de História que tive na escola. Sem ter abordado o assunto em sala de aula, ela nos pediu que pesquisássemos nos jornais os nomes de todos os ministros do Brasil, cobrando os resultados da pesquisa numa prova. Um absurdo incompreensível para nós, pobres estudantes de 12 anos de idade. Será que só aquela maluca não entendia que aquela pesquisa era completamente inútil? Afinal, no dia em que terminássemos os estudos, nenhum daqueles ministros estaria mais na função! Hoje, duas décadas depois, reconheço o nobre objetivo daquela professora. Ao fazer a tal pesquisa, vi-me folheando de cima a baixo todas as páginas dos cadernos de política e economia dos jornais.

Sem perceber, a professora me estimulou a dar alguma atenção a esses temas, que não seriam de meu interesse tão cedo. Ela me ensinou, na verdade, a "usar" jornais.

Como sou da geração que ainda lia jornais, durante muito tempo cultivei o hábito de ler nos parques, nos fins de semana, e repeti uma experiência simples. Eu procurava um canto em que várias pessoas se reuniam para ler jornais, como uma praça ou à beira da piscina em um clube, e invariavelmente percebia que:

- homens liam primeiro o caderno de esportes ou de automóveis;
- mulheres liam primeiro o caderno de variedades ou de cultura;
- ambos liam atentamente notícias sobre sua cidade;
- ambos ao menos faziam cara de indignação ao folhear o caderno de política;
- normalmente os cadernos de classificados e de investimentos ou negócios eram deixados de lado.

Os cadernos sobre dinheiro, investimentos ou negócios tendiam a ser aqueles com menor número de páginas, e mesmo assim a maioria dos leitores os ignorava. No fundo, não fomos preparados para ler sobre tais assuntos.

Isso começou a mudar recentemente, motivado por dois efeitos que aconteceram com certa simultaneidade. Em primeiro lugar, o Brasil passou por uma forte e duradoura crise econômica, entre 2014 e 2019, que fez muitas pessoas perderem o emprego e as levou a se preocuparem mais com a revisão e o equilíbrio de seus gastos. Ao mesmo tempo, a educação financeira ganhou força na economia brasileira, com a multiplicação de educadores, coaches, influenciadores digitais e consultores, trazendo com eles inúmeros e novos serviços financeiros de qualidade que se capilarizaram com o avanço da tecnologia e do uso da internet.

No tempo dos jornais, as manchetes dos cadernos de economia e finanças não nos provocavam, não mexiam com a maioria das pessoas: "Veja como pagar menos Imposto de Renda", "Escolha o melhor fundo de investimento para você", "Especialistas sugerem alternativas de investimentos para o próximo ano". Eram assuntos bem menos instigantes do que "Deputado corrupto é absolvido por seus colegas". Mas a mesma tecnologia que permitiu a multiplicação da educação financeira e dos bons serviços financeiros permitiu também um debate político mais intenso e uma mudança de comportamento em relação às fofocas da política. Os smartphones que substituíram os jornais permitiram às pessoas escolher as matérias que lhes fossem mais interessantes. Isso abriu um campo imenso para educadores de adultos e geradores de conteúdo. Hoje, as matérias que trazem impacto direto na vida das pessoas são, felizmente, mais lidas do que antes.

De qualquer forma, não é nada interessante que nossos filhos tenham que se tornar adultos para só então começarem a se preocupar com ideias e ferramentas que serão cruciais para o equilíbrio de sua vida adulta, incluindo os instrumentos de educação financeira. O fato é que, indiretamente, o currículo escolar tem como objetivo preparar cidadãos para a vida. Ou, ao menos, deveria ter. Mas nosso arcaico currículo, elaborado há décadas, esqueceu-se de levar em consideração que o pobre trabalhador que cresceu numa economia também pobre precisa saber mais sobre as armadilhas dos juros dos crediários do que sobre os métodos para extrair as raízes de uma equação de terceiro grau.

É importante aprender na escola noções de Geografia, Química Orgânica, Literatura, Física, Gramática e Álgebra, entre outras. Mas seria muito importante também adquirir noções sobre o funcionamento de bancos, economia doméstica, orçamento e juros compostos. Afinal, todos os que concluírem a escola vão lidar, um dia, com esses elementos.

Felizmente, em 2019, a educação financeira passou a fazer parte do currículo de Matemática na Base Nacional Comum Curricular (BNCC), o que significa que passou a ser matéria obrigatória nas escolas públicas e privadas a partir de 2020. É um grande avanço, apesar de limitado, pois a educação financeira infantil deveria ser abordada mais de forma qualitativa e com questionamento de valores e escolhas do que de forma quantitativa. Porém, ressalto, é um importante avanço.

A educação financeira, da forma como discuto nas páginas a seguir, ainda é um privilégio de programas de ensino mais elaborados. Ao adotar práticas de ensino humanizadas, oferecer atividades extracurriculares e incentivar a socialização dos alunos, as escolas os estão preparando ativamente para a vida. Mas a prática não é uniforme em todas elas. Por isso, os pais devem estar preparados para investir numa educação diferenciada. Se não for possível, devem estar preparados para adotar uma postura bastante ativa na educação de seus filhos.

O papel da escola na formação dos filhos é limitado e demanda iniciativas complementares.

Pais presentes na educação escolar

Os pais não podem se posicionar como coadjuvantes do aprendizado, tampouco como superprotetores irracionais de seus filhos. Seu papel é fundamental, em primeiro lugar, na escolha da instituição de ensino, que deve se aproximar o máximo possível do estilo de vida e dos valores da família. Além disso, eles devem acompanhar atentamente o conteúdo ensinado e motivar os filhos a praticá-lo, em casa e nas atividades sociais. O papel da escola é fornecer uma estrutura de conhecimento. Ajudar os filhos a aplicá-la à vida é papel dos pais, fazendo ligações do conteúdo aprendido com situações do dia a dia, da televisão e da família.

O que deve ser avaliado pelos pais é a capacidade da escola de oferecer tal estrutura de conhecimento, seguindo os valores propostos por seu modelo de ensino. Ao contratar os serviços prestados por uma escola, você espera que esses serviços sejam bem executados, porém não existe escola perfeita. Cabe a você acompanhar a qualidade do serviço prestado participando das reuniões e encontros de pais e, diante de algum problema ou questionamento, avaliar se é algo significativo a ponto de motivar uma reclamação ou se pode ser tolerado. Divergências podem fazer parte da metodologia de ensino escolhida, e isso deve ser levado em consideração pelos pais. A mudança de escola deve ser cogitada somente em casos extremos, pois, muitas vezes, pode ser traumática para a criança. Evite questionar a qualidade do ensino ou criticar a escola diante de seus filhos, porque isso pode dificultar a adaptação deles ao grupo ou colocá-los contra os professores, o que só vai piorar a situação. A melhor forma de acompanhar a qualidade do ensino é participando com interesse do aprendizado dos filhos.

Independentemente da didática adotada pela escola, o sucesso do modelo de ensino será nítido aos olhos dos pais se for possível constatar interesse das crianças em praticar os conhecimentos adquiridos. Obviamente, não se espera que uma criança saia pela casa recitando a tabuada. Mas sim que ela se interesse por um livro com ilustrações de animais que estudou na escola, ou apresente evolução na correção gramatical de sua escrita, ou demonstre interesse quando os pais mostram na televisão o que é um cerrado ou uma floresta tropical. Nas diversas atividades familiares que incluam algum tipo de disciplina financeira, o envolvimento das crianças será obtido se elas demonstrarem facilidade em acompanhar a matemática simples da economia doméstica, ou se souberem diferenciar os preços das coisas de seu efetivo valor ou de sua contribuição para o bem-estar.

Se a criança não demonstrar nenhuma evolução ou nenhum interesse pelo conteúdo já aprendido ou por alguma disciplina específica, é recomendável levar essa percepção ao conhecimento da coordenação da escola. Quanto antes os pais tomarem essa atitude, mais cedo constatarão alguma falha que pode ser corrigida no ensino, ou se o problema é com a criança e demanda o apoio de um especialista.

Se sua intenção é que seu filho aprenda a enriquecer, comece cuidando para que ele aprenda a aprender.

Algumas escolas já se mobilizam

Quando escrevi meu primeiro livro, em 2002, insisti que a raiz da falta de educação financeira dos brasileiros residia na ausência de estímulo a esse assunto nas escolas. Mas um sonho que parecia distante virou realidade.

Em 2011 foi finalizado o estudo-piloto da ENEF – Estratégia Nacional de Educação Financeira –, que concluiu que o ensino da disciplina Educação Financeira é efetivamente transformador na vida dos alunos e de suas famílias. Como resultado, a partir de 2019 o tema passou a fazer parte da Base Nacional Comum Curricular e, em 2020, passa a ser incluído como assunto multidisciplinar, de forma obrigatória, em todas as escolas públicas do Brasil, do 2º ao 9º ano, com material apostilado e programas de qualificação de professores. Não duvide: o comportamento de consumo, de uso do crédito e de investimentos dos brasileiros deve mudar significativamente nos próximos anos, e para melhor. É uma grande conquista da sociedade. O brasileiro está cada vez mais próximo de usufruir de todo o seu potencial de riqueza.

No âmbito da educação financeira, já é comum encontrar instituições de ensino que valorizam a aplicabilidade do conteúdo ensinado e se utilizam de práticas de economia doméstica para reforçar principalmente conceitos de Matemática, Física, Química e Biologia. Como a inclusão do assunto no currículo escolar básico é recente, as práticas de ensino variam muito de acordo com o modelo educacional adotado pela escola.

As mais comuns nesse sentido, conforme tenho observado ao visitar diferentes escolas, são:

- Orientações para que professores adotem exemplos práticos mais vivenciais nos exercícios e provas, destacando os benefícios do conhecimento na vida das pessoas. Em vez de problemas do tipo "Você tinha 10 bolas, ganhou 3 e vendeu 6", são desenvolvidos problemas como "Você tinha R$ 6 ao chegar à cantina da escola, comprou um suco e sobraram R$ 4. Quanto custou o suco?".
- Estruturação dos laboratórios de Física, Química e Biologia para simular situações mais comuns no cotidiano das famílias, relacionadas, por exemplo, ao uso racional de energia e outros insumos.
- Visitas em grupo a shoppings e supermercados para praticar conceitos simples envolvendo decisões, como lista de compras, prioridades, preço *versus* valor, conferência de troco etc.
- Cursos e palestras de finanças pessoais para pais e professores, ministrados por especialistas.
- Palestras, debates e bate-papos com as crianças, estimulando-as a pesquisar nos jornais e na internet temas relativos a dinheiro e economia.
- Círculos de debates sobre finanças pessoais entre professores, incentivando o bom uso de recursos na família deles.
- Incentivos à utilização da mesada como ferramenta de ensino, com orientação em grupo para alunos e pais.
- Aulas extracurriculares de interpretação de texto aplicada, utilizando cartilhas de bancos ou mesmo material próprio como ferramenta didática.

Infelizmente, por ser uma novidade até para muitos adultos, o assunto ainda é bastante experimental. Isso aumenta a responsabilidade dos pais em participar com mais afinco desse processo, pelo bem do futuro de seus filhos. Recomendo aos pais que questionem a coordenação pedagógica sobre a existência de práticas relacionadas a esse assunto.

Escolas em processo de adoção da educação financeira como parte de seu currículo também podem estimular os pais a contribuir para a criação de cartilhas. Esse tipo de conhecimento vem se disseminando de forma tão intensa que dificilmente faltarão voluntários.

Não faltam, porém, mobilização e iniciativas concretas em torno do assunto. Uma notável transformação na realidade de consumo dos brasileiros está em andamento.

Pais, consultem a escola dos filhos sobre iniciativas em finanças pessoais. Educadores, aproveitem o interesse dos pais para fomentar o tema.

O professor é o ponto de partida

Um canal importante a desenvolver para a boa formação financeira de nossos filhos é a divulgação do conhecimento de finanças pessoais entre os professores. É improvável que os alunos recebam orientação adequada sobre o bom uso do dinheiro se seus professores não forem capazes de administrar as próprias finanças. Ainda temos um longo caminho a percorrer, pois a grande maioria dos docentes nem sequer ganha um salário administrável, o que os faz correr atrás de dois ou três turnos de serviço para garantir condições mínimas à família.

Uma coisa é certa: o professor não pode ser responsabilizado pela ausência de práticas saudáveis nas aulas. Além de não ser orientado e motivado para isso, ele, como todo brasileiro adulto, não recebeu esse tipo de informação na infância. Se possui algum interesse por finanças, seus conhecimentos na área são recentes e sua insegurança ao utilizá-los é provavelmente grande.

As mudanças que se fazem necessárias não são complexas, mas exigem doses enormes de boa vontade por parte de pais, professores e orientadores, pelo menos enquanto o tema não for cobrado em vestibulares ou as escolas não forem cobradas por sua aplicação.

Mesmo as escolas públicas terão condições, com alguma mobilização e diretrizes bem elaboradas, de ajudar seus professores a evitar problemas financeiros, se dedicarem a esses profissionais alguma atenção e respeito. Muitas empresas preocupam-se em oferecer, como parte do pacote de benefícios a seus funcionários, orientações sobre economia doméstica e o bom uso do salário recebido. É uma questão de responsabilidade social, pois, ao assumir tal papel, essas empresas asseguram que a riqueza por elas produzida seja multiplicada na sociedade. Se os professores, como colaboradores de uma instituição de ensino, forem orientados a cuidar bem de seu dinheiro, indiretamente as escolas estarão criando as condições necessárias para a adequada comunicação sobre dinheiro entre professores e alunos. Em suma: um caminho inteligente para que nossos filhos aprendam a construir riqueza é fazer com que seus mestres saibam construí-la também.

Professores que não sabem como sanar seus problemas financeiros dificilmente saberão preparar nossos filhos para evitá-los.

3

Como as crianças aprendem

Procure sempre lembrar que uma criança ou um adolescente não são adultos e, portanto, não pensam como adultos. Assim como seu corpo, também sua personalidade, suas ideias e seu raciocínio estão em contínua transformação. As diversas correntes da psicologia explicam que, a cada fase da vida da criança, os diferentes estímulos são interpretados de maneiras diferentes. As fontes de inspiração são diferentes para cada idade.

Ao acompanhar centenas de famílias com filhos, tomei a liberdade de adaptar algumas interpretações da teoria pedagógica e montei a tabela da página seguinte com o referencial de comportamento para diferentes fases do crescimento de uma criança.

Os pais devem ter consciência da importância de cada fonte de inspiração e explorar ao máximo as ferramentas disponíveis para fazer do aprendizado um processo natural, agradável para quem ensina e para quem aprende. Em outras palavras, a receita para o aprendizado não será a mesma durante todo o processo de desenvolvimento de seus filhos. Você não poderá reclamar da rotina, já que ela não existirá, pois a repetição de lições e práticas ao longo de toda a infância e a adolescência jamais funcionará para a educação de uma criança ou um jovem.

Idade da criança/ adolescente	Principais características comportamentais	Papel dos pais quanto à educação financeira
0 a 2 anos	Os desejos não estão associados ao dinheiro, mas o interesse pelas atitudes dos pais é intenso e crescente.	Dar o exemplo através de suas atitudes, principalmente seguindo com disciplina rotinas do lar, que serão certamente copiadas pelos filhos e os tornarão mais disciplinados.
3 a 4 anos	A realização de desejos é associada ao ato de comprar, que depende essencialmente da vontade e do dinheiro dos pais.	Evitar banalizar o consumo e estabelecer regras para o uso do dinheiro, como limites orçamentários e datas para celebrações e presentes.
5 a 6 anos	Percepção de que é possível interagir com estranhos sem a intervenção de adultos.	Cultivar a independência, permitir aos filhos que interajam com vendedores e manipulem dinheiro em compras pequenas.
7 a 10 anos	Percepção de papéis sociais e quantificação de valores, com o aprendizado da matemática.	Conversar sobre dinheiro, trabalho, sustento da família, objetivos dos estudos e escolha de profissões.
11 a 14 anos	Percepção das responsabilidades e primeiros conflitos típicos da adolescência.	Cultivar a autonomia, com a prática da mesada ou da oferta de recursos de uso livre pelos filhos. Incluir os filhos nas tarefas de organização financeira familiar.
Acima de 15 anos	Necessidade de assumir papéis típicos dos adultos.	Conversar sobre temas relacionados à administração pessoal, uso de bancos, incentivos maiores à formação de poupança e desejos *versus* investimentos necessários.

Crianças são muito influenciadas pelo comportamento dos adultos ou de um grupo de pessoas, e também aprendem facilmente a conviver com regras, desde que estas valham para todos. Por outro lado, a prática me mostrou que elas se sentem frustradas quando lhes tiramos a liberdade, ou quando as obrigamos a agir de forma diferente da que outras crianças agem, ou então quando lhes impomos regras injustas. São referências simples que devem ser respeitadas no processo de educação.

À medida que crescem rumo à adolescência, os filhos tendem gradualmente a se contrapor aos exemplos dos adultos, por uma necessidade típica de seu desenvolvimento: eles simplesmente querem romper com qualquer referência ao mundo infantil, sair do casulo.

Em função disso, referências justas e regras que parecem funcionar com crianças deixam de funcionar com adolescentes. A postura dos adultos em relação aos filhos mais velhos deve ser diferente, mais madura, por isso dediquei um capítulo específico a essa fase.

Para cada fase da vida dos filhos, cabe um método diferente, moldado de acordo com o que efetivamente desperta o interesse deles.

"Não tem dinheiro? Então passa o cartão!"

Se você já ouviu de seus filhos pequenos a frase acima, é porque o processo de educação financeira deles começou atrasado. Talvez você esteja deixando de aproveitar ricas oportunidades de aprendizado. O mau comportamento financeiro das crianças costuma ser reflexo de comportamentos falhos dos adultos ou, na melhor das hipóteses, de interpretações errôneas dos atos dos adultos pelos filhos.

Quando pequenas, as crianças querem ser como os adultos são. Por isso, mantêm-se atentas ao comportamento dos mais velhos, principalmente dos pais. Repare no interesse das crianças quando os pais interagem com vendedores, garçons, prestadores de serviços ou durante uma situação de compra qualquer. Perceba como seu grau de atenção aumenta nos momentos em que há alguma negociação ou pagamento envolvido.

Para uma criança, qualquer situação de compra é uma grande realização, um importante evento. É o momento sagrado em que o adulto faz valer suas posses ou seu poder de compra e interage com o mundo, adquirindo maior bem-estar para si ou, de preferência, para a criança que o acompanha.

Por ser um momento de tamanha importância para o pequeno, é uma boa oportunidade de transmitir ensinamentos. Afinal, os sentidos da criança estão aguçados, e fazê-la participar da situação é para ela um verdadeiro privilégio. Peça a ela que entregue o dinheiro, o cheque ou o cartão ao vendedor, o que a fará sentir-se responsável quanto ao uso do dinheiro da família e a ajudará a desenvolver maior desenvoltura para negociações. Aproveite para explicar como funciona o cheque ou o cartão.

"Você sabe por que estamos pagando com cartão? É porque o dinheiro que eu recebi pelo meu trabalho do mês está guardado no banco e não aqui na carteira. No momento em que o vendedor passa o cartão na máquina, o dinheiro sai de nossa conta para a conta do dono da loja. Não podemos abusar, pois já planejamos usar o dinheiro para pagar as outras contas, como sua escola, o supermercado, nossa viagem..."

As crianças querem entender como o mundo funciona. Hoje em dia, elas sabem muito bem o que é uma transferência de dados por redes de comunicação. Não terão dificuldade em compreender uma transação eletrônica de pagamento. Será um erro desperdiçar tal oportunidade e criar a ilusão, comum entre crianças, de que cartões e cheques são usados em situações em que "não temos dinheiro". Muitos filhos entendem de maneira indireta o conceito de limite de crédito, pois cultivam a ideia de que alguém, geralmente o banco, fabrica dinheiro quando precisamos. Por incrível que pareça, muitos adultos continuam com a mesma ideia vida afora.

O mesmo vale para situações de organização financeira da família. Um hábito recomendável a todas as famílias – mas não praticado por muitas – é conversar em casa sobre dinheiro. Em meu livro *Casais inteligentes enriquecem juntos*, proponho uma conversa aberta entre o casal, respeitando a forma de pensar e os sonhos de cada parte. Numa família com filhos, todos deveriam envolver-se.

Ao final de uma palestra que ministrei recentemente, uma das participantes pediu meu autógrafo no livro de uma amiga, que estava muito ressentida por não poder participar do evento. Fiquei admirado ao saber do motivo. Segundo ela, sua amiga estava ausente porque a data da palestra coincidira com sua reunião familiar anual para discutir as finanças, um encontro em que planos do passado eram discutidos em família e novos planos eram feitos para o futuro. A amiga estava em minha palestra justamente para aprender a fazer o mesmo em seu lar. Uma atitude extraordinária, além de ser mais um exemplo de que falar sobre riqueza – no caso, entre amigas – ajuda a enriquecer as pessoas próximas.

Conversas sobre dinheiro devem ser frequentes, cotidianas e com a participação de todos. Se vamos à feira, quanto podemos gastar? Se queremos presentear alguém, qual é a verba para o presente? Se queremos viajar juntos, quanto podemos guardar por mês? Dinheiro deve fazer parte do cotidiano da criança, para que não sejam criados bloqueios capazes de dificultar seu uso na vida adulta.

Proponho que os pais ou futuros pais adotem uma espécie de tradição: reservar certa data do mês para falar sobre dinheiro. Se o casal for tratar do orçamento total e, por isso, decidir que as crianças pequenas não devem participar, ainda assim é fundamental que elas tenham ciência de que seus pais estarão ocupados conversando sobre as contas do lar. Que seja algo costumeiro, importante para todos.

Não um sacrifício, mas simplesmente parte da rotina, como escovar os dentes após as refeições – ninguém o faz por prazer, e sim porque é importante.

Filhos são inteligentes, mas não maduros. Converse mais e atente para seu discurso, especialmente para as situações de ironia, duplo sentido e expressões de uso popular.

O comportamento do grupo

À medida que crescem rumo à fase adulta, os filhos sentem mais necessidade de serem aceitos pelo grupo social do qual querem fazer parte. Essa necessidade é um dos principais motivadores do primeiro copo de cerveja, do primeiro cigarro ou do primeiro contato com qualquer outro tipo de droga. Mas também é ela que motiva meros participantes de uma banda ou de um grêmio escolar a tornarem-se músicos de sucesso ou líderes políticos.

Fazer parte de um grupo não é necessariamente ruim. É uma forma de o adolescente proteger-se das incertezas que rondam seus pensamentos. Agindo em nome de um grupo, de uma tribo, de uma gangue ou de um clube, o jovem vence barreiras que não superaria se estivesse sozinho. E essa não é uma característica apenas dos jovens. A única diferença é que, na juventude, a necessidade de pertencer a um grupo é mais intensa.

Adultos com medo de tomar decisões erradas na hora de comprar ações reúnem-se em fundos ou clubes de investimento. Empresários tementes aos abusos do sistema reúnem-se em associações. Trabalhadores tementes aos abusos dos empresários reúnem-se em sindicatos. Pais preocupados com a qualidade do ensino e com a segurança nas escolas reúnem-se em grupos de pais e amigos.

O erro a ser evitado ao conduzir qualquer tipo de orientação ou ensinamento sobre as finanças pessoais de um filho é excluí--lo das práticas de seu grupo. Se uma criança diz que gostaria de receber mesada, essa pode ser uma opção pessoal. Mas, se ela insiste incansavelmente que precisa receber uma mesada, provavelmente a escolha não é dela, e sim do grupo de colegas da escola. O mesmo vale para as opções de roupas, de hábitos de lazer, de alimentação ou de presentes. Crianças e adolescentes têm suas modas e manias, e cabe aos pais identificar a melhor forma de negociar a realização de seus sonhos.

Dificilmente uma criança aceitará um controle de sua mesada se os pais de seus colegas não o praticarem também. Certamente não aceitará receber muito menos presentes do que seus melhores amigos. O padrão de vestuário que os pais dos colegas lhes proporcionam será cobrado por seus filhos também. Esses "adendos orçamentários", que são os gastos indiretos resultantes de escolhas mais relevantes, devem ser seriamente levados em consideração na hora de selecionar a escola dos filhos ou os cursos que eles frequentarão. Ao avaliar a viabilidade econômica de uma escola, não se limite aos gastos com matrícula, mensalidade, material e transporte. Procure avaliar também se haverá alguma mudança no orçamento com itens como roupas de marca, celular, viagens e passeios, entre outros. Se a criança se sentir socialmente abaixo da média do grupo, terá forte tendência a querer deixá-lo ou, pior, a abandonar a atividade que o grupo frequenta – no caso, a escola.

Uma vez escolhida a escola, compete aos pais envolver-se mais com as atividades dos filhos, participar das reuniões de pais, trocar ideias e experiências com outros pais e professores. Propostas e critérios sobre mesadas, modas e presentes funcionarão melhor se forem uniformizadas para todas as crianças do grupo. A mesma prática é saudável para definir também limites de tempo e horário de exposição à televisão, regras para o uso de videogames e internet e horários para estudos. A sociedade desenvolve-se baseada em regras.

Em minha própria vida, tive uma experiência interessante que moldou não só meu caráter como também o de muitos colegas com os quais convivo até hoje. Aos 12 anos de idade, início da adolescência, entrei para uma equipe de natação do clube do bairro. Dos 12 aos 21 anos, a natação determinou meu ritmo de vida. Treinava por dia tanto quanto estudava. Mais do que benefícios à saúde, hoje noto que o esporte trazia também benefícios à formação do caráter dos atletas. Nossos técnicos exerciam um verdadeiro papel de pais sobressalentes. Éramos proibidos de fumar, de beber álcool e refrigerantes, de abusar de doces e de dormir tarde. Também éramos proibidos de jogar futebol, mas isso poucos respeitavam – e os técnicos fingiam que não sabiam. Mas, naquela equipe, não só todos os atletas recebiam as mesmas orientações dos técnicos como os pais também eram convidados a participar de reuniões bimestrais com a diretoria do clube e a equipe técnica. Ao completar 18 anos, passei a frequentar as reuniões com pais e descobri que o assunto delas ia muito além do papo sobre alimentação e treinos. Tratavam de educação e desempenho escolar, sexualidade, mesadas, namoros (que também eram proibidos no grupo) e da participação dos pais no sacrifício de acordar cedo até mesmo nos fins de semana. O objetivo era uniformizar hábitos, para ajudar a criar coesão no grupo. Na época, ainda sem maturidade, senti-me com a privacidade invadida, um tanto incomodado. Já adulto, tornei-me eternamente grato ao cuidado que pais e técnicos tiveram por todos os atletas.

Não se limite a entender e administrar os hábitos dos filhos como se fossem individuais, pois eles fazem parte de uma comunidade.

O rigor das regras e da justiça

Regras devem ser objetivas e sem nuances de intensidade. Se roubar um fósforo é tão grave quanto roubar um carro, gastar um pouco além do previsto é tão grave quanto arrebentar o planejamento. Para ganhar um presentinho deve haver um motivo claro, um evento, para que as celebrações não sejam banalizadas.

Seja justo. Regras devem ser universais. Se são impostas aos jovens, devem valer para os adultos. Se você fuma, nunca convencerá seu filho de que esse hábito pode matá-lo. Se você não consegue se organizar com suas contas, dificilmente verá seus filhos gastarem a mesada com disciplina. Se, com as contas no vermelho, você pedir que seus filhos economizem energia elétrica e não fizer também sua parte, ficará desacreditado em relação a essa e a outras regras.

Crianças são seres humanos ainda sem maldade, puros e com uma interpretação elementar do que é justiça. Para elas, o que não é certo é errado. Elas não entendem quando, ao burlar uma regra, você se justifica com "É só desta vez...": a regra foi quebrada e ponto. O infrator não será punido, e a longa reflexão que elas fazem sobre isso as incomoda. Se regras podem ser flexibilizadas, o mesmo pode acontecer com a disciplina em qualquer área da vida, inclusive nas finanças.

Esteja pronto não somente para impor regras a seus filhos, mas para se adaptar a elas também. Uma forma de convencê-los a, por exemplo, organizar os gastos da mesada é exigir que eles façam como todos os adultos deveriam fazer. Mantenha o seu controle de gastos em dia. Crie a tradição de fazer isso com dia e hora marcada – por exemplo, todo primeiro sábado do mês à tarde – e inclua seus filhos nessa tradição. Enquanto os pais organizam suas contas, os filhos preparam um controle da mesada. Para alegria deles, terminarão bem antes dos adultos.

Regras criam a rotina que, quando seguida, forma o hábito.

Liberdade é um patrimônio infantil

Nos capítulos seguintes, sugiro princípios e atitudes que devem ser adotados por pais e educadores para pavimentar um caminho saudável à educação financeira dos filhos. São aspectos importantes, mas não suficientes, para fazer de seus filhos especialistas em construção de riqueza. Outros fatores externos serão também importantes, como a atitude dos pais e o comportamento do grupo, exemplificados neste capítulo. Mas ter uma boa estrada pela frente é um passo importante para você chegar ao fim de sua viagem, e oferecer essa boa condição ao aprendizado é o grande desafio de quem educa. A condução através de um bom caminho é responsabilidade de cada pai e de cada mãe. Assim como existem normas de trânsito para motoristas, existem práticas recomendadas de educação dos filhos que não podem ser ignoradas.

O papel dos pais é auxiliar os filhos a dar os primeiros passos na estrada da vida. Que esteja claro: auxiliá-los, e não conduzi-los. Ensinar a pescar em vez de dar o peixe. Ensiná-los a ganhar dinheiro em vez de passar sua vida poupando apenas para deixar uma boa herança.

Seus filhos não estão totalmente despreparados para sofrer ou para errar. Se você pensar que estão, acabará proibindo mais do que deveria, isolando-os do mundo e dos pequenos problemas cotidianos. O melhor que conseguirá com esse tipo de postura é criar futuros adultos despreparados para a luta, para o desafio, para a competitividade. Como pai, frequentemente me pego pensando na vontade de proteger meus filhotes de tudo o que possa lhes causar desconforto, mas sou obrigado, em situações sem grande risco, a fechar os olhos e deixá-los se defender, se machucar ou se frustrar, especialmente nas ocasiões em que querem comprar algo não planejado. Às vezes, essa atitude resulta em um fim de noite emburrado ou de choro na cama. Às vezes, confesso, não dou conta de privá-los totalmente e substituo o desejo de um brinquedo por um sorvete ou um filme, para que esqueçam a tristeza. Mas os dias seguintes aos conflitos costumam ser os mais carinhosos, e as datas festivas em que os presentes tão desejados são recebidos costumam ser mais intensas.

Sou do tempo em que pais pegavam suas crianças brincando com minhocas na terra do jardim – às vezes até devorando-as. Quando criança, quase todos os dias eu tinha um novo ferimento para minha mãe tratar. Ao longo dos anos, vi pais impedindo seus filhos de correrem para não se machucarem; esses pais formaram adultos sedentários e preguiçosos. Vi pais brigando com filhos que queriam brincar na chuva ou andar de bicicleta num dia frio; formaram adultos mais suscetíveis a gripes e problemas de saúde. Vi pais proibindo filhos de ficar na rua com seus amigos; formaram adultos tímidos ou pouco sociáveis.

O maior bem que uma criança possui é sua liberdade. Liberdade para brincar, para fazer amigos, para ser criança. Tolher a liberdade não protegerá seus filhos de um mundo perigoso, apenas os iludirá. O resultado será o oposto do esperado: seus filhos estarão completamente despreparados para viver no mundo real, aquele de que você os escondeu durante tantos anos.

Ao anunciar que doaria 80% de sua fortuna para a filantropia, o megainvestidor e multibilionário Warren Buffett disse: "Vou deixar aos meus filhos o suficiente para que eles possam fazer qualquer coisa, mas não tanto que não queiram fazer nada na vida." Ressalvadas as proporções com o que eu e você podemos fazer por nossos filhos, é um verdadeiro exemplo.

Por isso, defendo insistentemente a liberdade. Não confunda liberdade com falta de regras. A melhor liberdade é aquela que respeita as boas regras de convívio, que nada mais é do que ser livre respeitando a liberdade dos outros. Em vez de proibir que seus filhos brinquem na chuva ou sob frio intenso, por exemplo, permita que o façam por até meia hora, desde que entrem no banho logo depois. Veja a seguir três exemplos, relacionados à vida financeira, do que chamo de liberdade sob regras.

"Mãe, quero receber mesada, já que todos os meus amigos também recebem." A atitude de alguns pais diante desse argumento é esclarecer que a mesada é desnecessária, basta pedir dinheiro quando precisar que os pais darão com carinho. O erro aqui é interpretar que os filhos estão pedindo dinheiro. Não estão. Os filhos, ao pedir mesada, estão pedindo, na verdade, a liberdade de decidir como usar uma verba pessoal. O filho que pede mesada quer indepen-

dência. *Quando pais preocupados a negam, com o intuito de ajudar o jovem a selecionar melhor seus gastos, estão privando-o de liberdade. Nesse caso, a liberdade com regras poderia vir na forma de uma mesada negociada, com prestação de contas e com o compromisso de assumir e administrar o pagamento de algumas despesas até então pagas pelos pais, como a conta do celular. Com maior margem de decisão, a liberdade estaria em poder decidir onde economizar para aumentar alguns grupos de gastos.*

"Pai, eu gostaria de participar da excursão que a escola fará na semana do Dia das Crianças!" Se a verba estiver curta, não adianta propor um passeio alternativo em família. A criança não quer passear. Quer a liberdade de estar com os colegas de classe num ambiente que não seja de estudos, dormir fora de casa, descobrir coisas novas juntamente com toda a turma. Uma ocasião como essa, na idade escolar, é o evento do ano! Essa é uma típica situação para reunir a família, conversar sobre as prioridades do ano e sobre as limitações no orçamento, e propor que cada um faça sua parte para realizar um sonho de curto prazo. Para viabilizar a excursão, a criança abriria mão de roupas novas ou de comer fora durante alguns meses? Aceitaria a viagem como presente de Dia das Crianças? Colaboraria no corte de alguns gastos? E como cada adulto faria sua parte no corte de gastos? Essa união familiar em torno do problema tende a criar as condições necessárias para ajustar o orçamento à demanda da criança.

Notícia trágica a um filho na era da conectividade: "Filho, a conta de luz está aumentando muito e, por isso, você não poderá ligar mais o computador após a escola." Ou então: "Ou você para de enviar mensagens aos amigos, ou seremos obrigados a tirar o celular de você!" Que tal propor ao filho um limite de tempo para usar o computador ou uma verba máxima para o celular? Os telefones pré-pagos simplificam essa tarefa. Ou, melhor ainda, por que não perguntar a ele qual o valor que acha razoável gastar com celular? Provavelmente, ele será comedido na hora de quantificar seu razoável. Proponha então um aumento de mesada, passando para ele a verba e a responsabilidade pelo pagamento do serviço.

Não são atitudes radicais. São atitudes maduras, como as que os jovens gostariam de ter, e justas, como eles esperam. Não lhes tiram a liberdade, e sim a concedem sob regras.

Não tire a liberdade dos filhos. Conceda-a, desde que seja sob regras estabelecidas em conjunto.

4

Seis princípios fundamentais na educação financeira

De agora em diante, trato efetivamente da prática da educação financeira. Esteja preparado para anotar as iniciativas a colocar em prática, caso ainda não esteja fazendo.

O aprendizado se faz com conhecimentos, habilidades e atitudes. Oferecer conhecimentos (habilidades) sem praticá-los não leva a lugar nenhum. Praticar sem ressaltar sua relevância (atitude) empobrece o aprendizado. Da mesma forma, a prática sem conhecimento induz a erros, propiciando a criação de barreiras contra as lições aprendidas. Por isso, ao assumir a missão de educar seus filhos para a vida financeira, você não deve deixar de refletir sobre sua competência para ensinar com conhecimentos, habilidades e atitudes. Neste capítulo, abordo os conhecimentos que você deve procurar incluir na rotina da família. Nos dois capítulos seguintes, abordarei, respectivamente, as atitudes e habilidades que facilitarão seu trabalho.

Os conhecimentos essenciais de educação financeira baseiam-se em princípios que normalmente fazem parte de qualquer orientação prestada por um consultor especializado, ou de qualquer planejamento financeiro eficaz e eficiente.

A formação de poupança não será saudável se você não souber destinar adequadamente o dinheiro poupado. Uma compra planejada por meses não será proveitosa se você não souber negociar. Sacrifícios não serão gratificantes se não soubermos celebrar os resultados.

O bom uso do dinheiro requer que desenvolvamos reflexões racionais e valores pessoais que nos conduzam ao sentimento de termos uma vida equilibrada. De nada adiantará reconhecer a importância da educação financeira se o resultado dessa educação for transformar consumidores compulsivos em poupadores compulsivos.

Por isso, atente para não confundir planejamento financeiro com a simples formação de poupança. Evite fazer do dinheiro e das regras o principal assunto nas conversas com as crianças. Policie-se para avaliar se, em sua própria vida adulta, os princípios fundamentais estão sendo praticados, para que seu comportamento sirva de exemplo de modo natural.

A mente de uma criança desenvolve-se de maneira complexa, absorvendo diariamente milhões de estímulos externos. Os estímulos mais eficientes comporão, no futuro, referências e lembranças de medos, motivações, traumas e ensinamentos que formarão o raciocínio adulto em seus aspectos racionais e emocionais. É simplesmente impossível controlar e filtrar todos os estímulos que seus filhos receberão ao longo da vida. Em outras palavras, cedo ou tarde, direta ou indiretamente, eles vão descobrir o mundo. E quanto mais cedo e naturalmente conviverem com as dificuldades da sobrevivência humana, mais preparados estarão para competir por essa sobrevivência.

Da mesma forma, o processo educacional em si é complexo e abrangente, exigindo dos pais contínuo aprimoramento, dedicação e muita informação. Pais de primeira viagem surpreendem-se com a quantidade e a importância de conselhos de avós, tios, professores, médicos e pedagogos. Se não souberem filtrar os milhões de dicas recebidas e optar por um caminho, ficarão maluco.

Não quero ser mais um a dar palpite. Por mais elementos que eu procure trazer como contribuição neste livro, reconheço que a coerência na linha de formação adotada pelos pais é mais importante do que os conhecimentos em si. Por isso, optei por enfatizar primeiro os princípios que os pais devem procurar incluir nos ensinamentos cotidianos, para depois sugerir, a título de exemplo, ferramentas e técnicas de aprendizado.

Os seis princípios apresentados a seguir baseiam-se em conhecimentos essenciais recomendáveis a todo ser humano que lida com dinheiro. Se você sente que não lida bem com algum desses princípios, ótimo! Reconhecer essa deficiência é o primeiro passo para aprimorá-lo. Por isso, acompanhe minhas reflexões sobre cada um dos princípios, objetivando uma educação familiar, não só das crianças. A educação não serve apenas para seus filhos. Aprendemos continuamente por toda a vida.

Princípio 1: VALORIZAR

O que tem valor não tem, necessariamente, um preço
Ao passear com seus filhos pelas ruas, você encontrará inúmeras oportunidades de mostrar a eles que nem sempre trabalhar mais significa ganhar mais. Explique que o porteiro do prédio, o frentista do posto e o taxista, entre outros, precisam trabalhar muito ou ter mais de um emprego para conseguir apenas sobreviver com certa dignidade. Converse sobre o valor que a oportunidade de estudar agrega às horas de trabalho daqueles que ganham mais.

Nas compras, é possível desenvolver um raciocínio semelhante. É muito comum que as pessoas confundam preço com valor. Muitas vezes, elas não percebem que preço alto não significa maior valor. O namorado que dá um caro buquê de três dúzias de rosas muitas vezes o faz porque não deu o devido valor ao relacionamento ou a uma data importante. Ao deixar a compra para a última hora, apela para presentes convenientes, de preço elevado. Por outro lado, há aqueles que dedicam semanas a pintar uma obra ou a escrever um texto para a pessoa que amam. Apesar do pequeno gasto, a pessoa amada reconhece o valor do presente pela intensa dedicação. Não é porque o presente foi barato que ele vale menos.

As coisas mais importantes ou mais valiosas da vida de qualquer ser humano não custam nada, são acessíveis a qualquer pessoa. Mas pais que não têm tempo para dar carinho, amor, atenção ou uma palavra amiga a seus filhos acreditam que podem substituir essas riquezas comprando presentes, pagando babás, investindo em cursos e esportes que ocupem o tempo das crianças. Essas são necessidades que complementam o papel dos pais, mas não o substituem.

Nossa sociedade sedenta por dinheiro está erroneamente ensinando aos jovens que o consumo e o "poder pagar" são prioritários em relação aos valores familiares e sociais. Valores que todos conhecem, pregados por qualquer religião, e que são a base para o bom convívio em sociedade. Família, amigos, momentos de lazer e desfrute são deixados em segundo plano, enquanto dedicamos tempo ao trabalho, às horas extras, à *happy hour* com colegas de trabalho, aos eventos de *networking*.

Nossas crianças crescem acreditando que terão de trabalhar muito, como seus pais, para recompensar suas famílias com luxos. Para romper com essa crença destruidora de lares felizes, é seu papel de pai ou mãe adotar uma postura menos consumista e mais valorizadora de momentos e sentimentos, não de coisas. Talvez seus filhos até venham a trabalhar muito quando adultos, aproveitando as oportunidades e o resultado de seus estudos, mas não evoluirão significativamente com esse materialismo enraizado na consciência.

Valorize momentos em família, viva-os com intensidade. Faça um favor a si mesmo: desligue o piloto automático. Em vez de simplesmente conduzir seus filhos ao parque, acorde-os comemorando o grande dia de sair de casa em família. Suje a camisa, deite na grama. Faça do Dia das Crianças um dia divertido e especial, e não simplesmente um dia de ganhar presentes. "Está chegando o seu dia" é bem diferente de "Está chegando o dia de ganhar sua bicicleta". O mesmo vale para o aniversário e para as datas em que as famílias se reúnem para trocar presentes em sua religião. Passar a consumir com mais qualidade não é uma mudança simples, pois requer planejamento antecipado e uma boa dose de motivação. Mas o objetivo é nobre, e você perceberá os efeitos rapidamente.

Você se lembra de coisas boas que seu pai ou sua mãe lhe diziam no passado? Os grandes ensinamentos que você recorda com orgulho nos dias de hoje nem sempre eram recebidos, em sua infância, com admiração ou reconhecimento de sabedoria.

Não se esqueça de compartilhar com seus filhos o prazer que você sente em tê-los a sua volta. Não se esqueça de dizer que os ama. Pode ser que eles digam o mesmo sem que lhe pareça sincero, mas sua atitude ficará gravada na mente deles. Expresse e fale o que você sente, pois muitos adultos ressentem-se de não ter ouvido de seus pais um "Eu te amo".

Princípio 2: CELEBRAR

Celebrações reforçam as conquistas
Você já viu alguma criança esperneando na porta de uma loja porque não ganhou um presente? Boca escancarada, gritos arrepiantes, lágrimas esguichando dos olhos... A cena é tão deprimente que sequer conseguimos sentir dó do sofrimento do pequeno. Se temos pena, é da vergonha do pai ou da mãe que mal sabe como reagir. O fato é que, independentemente da intensidade da reação, a criança está magoada porque esperava ganhar um presente. O problema não está na expectativa da criança, mas no infeliz adulto que a fez acreditar que ganharia um presente naquela situação.

Pais e mães presenteiam seus filhos mais do que deveriam. Mais até do que estes esperam, em um primeiro momento. A enorme expectativa das crianças por presentes a cada ida ao shopping, a cada viagem e a cada fim de semana surge quando elas ainda são pequenas. Quando ainda não esperam nada além do carinho e do tempo para matar a saudade dos pais, mas o que recebem é um presente. Adultos consumistas formam filhos consumistas.

O erro começa no ato de presentear antes de surgir a demanda ou a necessidade da criança. Dia desses estávamos eu e minha esposa maltratando nossos estômagos numa lanchonete fast-food quando reparamos num casal que molhava a chupeta da filha no copo de refrigerante e dava pequenos pedacinhos de batata frita na boca da criança, que nem tinha dentes, o que nos levava a crer que ainda tinha sua alimentação à base do saudável leite materno. O que os pais pretendiam? Dar algum prazer a mais à criança? Será que esse prazer não seria maior se fizessem isso no dia em que a criança dissesse que estava louca para conhecer a lanchonete da moda?

No acelerado mundo moderno, repleto de armadilhas de consumo, acreditamos que temos de fazer de cada dia uma celebração. Ótimo! Parabéns àqueles que, por seu grande sucesso profissional, podem torrar dinheiro em eventos e restaurantes quase todos os dias. Mas é uma estupidez quando essa sede de curtir a vida cria rombos na conta bancária ou negligencia a importância de formar reservas financeiras para o futuro.

A celebração é importante, mas respeitar o orçamento também é, ou até mais. Você adoraria comprar todos os mimos e presentes que sua criança pede. Mas essa atitude, além de ameaçar sua conta-corrente, provavelmente ajudaria a construir um futuro adulto compulsivo por consumo e sem noção dos limites.

Crie significado para cada conquista. Presenteie seus filhos somente quando houver motivo: uma data festiva, uma lembrança marcante de viagem, o início das férias, um desempenho muito acima da média na escola. Preferencialmente, use mais criatividade e menos dinheiro para presentear. Jamais faça do preço do presente algo mais importante que seu simbolismo. O presente não pode ser mais marcante que a data. Se a criança pedir um brinquedo fora de época, prometa lhe dar o tão desejado mimo na próxima data festiva, mas somente se o presente for compatível com o orçamento da família. Agora atenção, pais de enorme coração e com dificuldade de dizer não: não façam promessas que não possam cumprir. Crianças jamais esquecem promessas feitas por adultos, e magoam-se se elas não são honradas. Ao cumprir sua promessa, não se esqueça de celebrar a conquista e de parabenizar a criança pelo esforço em esperar pacientemente seu sonho se realizar. Com essa atitude, você estará reforçando a conquista, dando mais valor e significado ao presente. Se for um presente material, é provável até que isso resulte em maior cuidado da criança com seus pertences.

Princípio 3: ORÇAR

Nem mais, nem menos. Seu limite é o que você tem
Para matar a sede, você precisa de água. Para matar a fome, de comida. Para não passar frio, de roupas. Se não tiver água, nem comida, nem roupas, você sabe que passará sede, fome e frio. Da mesma forma, para consumir, você precisa de dinheiro. Se não tiver dinheiro, não tem como consumir. Aliás, não tem nem como comprar água, comida e roupas. Parece óbvio.

Quando as crianças começam a entender o mundo do dinheiro, acreditam que é preciso trabalhar muito para juntar uma quantia substancial e então comprar tanto coisas de pequeno valor quanto coisas caras. Óbvio e simples, na visão infantil. Com o tempo, essas crianças vão amadurecendo e aprendendo com os pais que não é preciso ter todo o dinheiro para comprar o que se quer. Basta conseguir pagar a prestação! É quando descobrem o significado do financiamento e do empréstimo.

Nessa visão ingênua, o próximo passo é descobrir o significado da dívida. É quando se frustra a esperada estabilidade nos rendimentos ou nos gastos familiares em consequência de algum imprevisto e a família não consegue pagar os compromissos que assumiu para o mês. De quem é a culpa quando a família entra no vermelho? Do patrão que demitiu o funcionário que já não produzia tão bem, provavelmente por estar com a cabeça cheia de preocupações com as dívidas? Da criança que adoeceu, obrigando a família a arcar inesperadamente com os remédios? Da má sinalização de trânsito, que provocou o acidente?

Nada disso! Não entramos no vermelho por causa dos incidentes. Simplesmente porque incidentes acontecem e acontecerão na vida de todos nós. O erro está em acreditar que eles *não* acontecerão, deixando de lhes destinar a devida reserva orçamentária.

Pela lógica de que os adultos trabalham para ganhar dinheiro e o dinheiro é o meio para comprar o que se quer e o que se precisa, desde cedo a criança entende que a família só pode gastar o dinheiro que tem. Nós, adultos, é que fazemos com que ela acredite no contrário quando percebe que todos na família estão endividados e que isso é normal. Ou então quando percebe que, se os pais não têm dinheiro, basta usar o cartão de crédito ou o cheque, verdadeiras "fábricas de dinheiro" na mente ingênua das crianças.

Controlar as contas é o primeiro passo e exige disciplina. O segundo passo é conhecer os limites. A elaboração de um orçamento, que parece algo complexo à primeira vista para um adulto, será algo natural na vida de uma criança se seus pais a ajudarem a separar verbas para cada objetivo. As primeiras mesadas são para comprar, normalmente, lanches, doces e figurinhas ou bijuterias. Conscientize seus filhos de quanto estão recebendo e quanto será gasto com cada item. Se perceber que a criança tem dificuldade com esse tipo de organização, disponibilize-se para refletir com ela sobre os motivos disso, carinhosamente faça sugestões.

Não estimule compras parceladas. Sugiro uma prática saudável: toda vez que encontrar um cartaz, um folheto, um comercial de televisão ou uma publicidade na internet ofertando algum produto em, por exemplo, 12 prestações de certo valor, não perca a chance de entregar uma calculadora à criança mais próxima e pedir que ela veja o valor total do item vendido. Enfatize sempre o preço total da compra, compare com outras ofertas e esqueça o valor das prestações.

Fuja do cheque especial e de empréstimos emergenciais o quanto possível, e oriente seus filhos a fazer o mesmo. O crédito nunca foi tão abundante e disponível no Brasil, mas sua oferta cresceu tão rapidamente que as pessoas se esqueceram de refletir sobre ele. Entenda que crédito é para quem *precisa* adquirir algo, e não para quem *quer* adquirir. Em razão da necessidade, aceitamos pagar juros ao banco. Não havendo real necessidade, para que fazê-lo? Seu dinheiro está sobrando tanto a ponto de fazer caridade aos bancos, pagando juros sobre juros?

A ideia é estimular os filhos a administrarem recursos dentro do limite proposto. E um conceito é claro: extrapolamos quando começamos a contar com o limite do cheque especial oferecido pelo banco.

Princípio 4: INVESTIR

Juros recompensam os poupadores

Quem não tem dinheiro para comprar uma casa aluga de quem teve dinheiro para comprar duas. Quem não tem dinheiro para comprar um carro aluga transporte – isto é, paga pelo serviço prestado – de quem teve dinheiro para comprar um táxi ou uma frota de ônibus.

Seguindo o mesmo raciocínio, os bancos criaram, há muito tempo, uma solução para aqueles que não têm dinheiro comprarem qualquer coisa que custe dinheiro. Em vez de alugarmos um apartamento, podemos alugar do banco o dinheiro para comprá-lo e ter o apartamento antes de conseguirmos criar condições financeiras suficientes para isso. A esse "aluguel de dinheiro" chamamos financiamento ou empréstimo. Quanto mais tempo você precisar usar o dinheiro do banco, mais aluguel (isto é, mais juros) pagará.

A essência do processo de enriquecimento está em saber fazer seu patrimônio se multiplicar. Se você conseguir formar reservas de dinheiro e não tiver um bom negócio para aplicá-lo, poderá emprestar esse dinheiro a quem possa dar utilidade a ele e fazê-lo se multiplicar. Como recompensa, você receberá juros por emprestar recursos. Essa é a definição de uma aplicação financeira: como não estamos gastando ou multiplicando dinheiro através de uma atividade empreendedora, podemos "alugá-lo" a quem quiser usá-lo – no caso, aos bancos.

Quando pais valorizam demais o emprego e se esquecem de

valorizar os empreendimentos, estão formando adultos que serão, no futuro, escravos do dinheiro. Não temos tempo para os filhos porque não sabemos fazer o dinheiro trabalhar para nós. Acreditamos que a única forma de fazer riqueza é trabalhando, por isso optamos por trabalhar a vida toda para não ter de empobrecer em casa após a aposentadoria. Você não precisará impor essa escolha à sua vida se perceber a tempo que parte do dinheiro que ganha hoje pode ser posta para trabalhar e crescer em investimentos. No futuro, quando parar de trabalhar, terá suas reservas financeiras trabalhando para você enquanto curte sua aposentadoria ou trabalha menos.

Seus filhos devem entender que, enquanto trabalharem para uma empresa, estarão enriquecendo os donos e acionistas dessa empresa. Quem realmente enriquece é o investidor, aquele que soube poupar parte de sua riqueza para então montar uma empresa e organizar uma estrutura que pusesse pessoas para trabalhar para ele.

Seus filhos não devem ser preparados simplesmente para trabalhar a vida toda para alguém. O bom emprego não deve ser visto como o grande objetivo da vida adulta. Deve ser visto como uma etapa intermediária, em que um profissional é recompensado por dedicar-se ao enriquecimento dos outros. O grande objetivo deveria ser construir uma reserva financeira para que, no dia em que deixar de trabalhar para os outros, a pessoa possa montar sua própria empresa e contratar outros profissionais para trabalharem para ela, ou viver dos rendimentos de um investimento que lhe agrade.

Enquanto trabalhamos para os outros, temos de encontrar uma forma de alguém trabalhar para nosso dinheiro. É aí que entram bancos, imobiliárias, leiloeiros e corretoras de valores. São empresas que trabalham para multiplicar o dinheiro das pessoas que estão muito ocupadas, intermediando investimentos e compras de bens por valores que podem gerar bons lucros em uma possível revenda.

Crianças que sabem que o dinheiro poupado ou investido cresce sozinho sabem diferenciar duas situações bem distintas encontradas nos bancos:

Juros trabalham para nós, aumentando nossa riqueza, quando usamos os serviços de investimento dos bancos.

Nós trabalhamos para os juros, diminuindo nossa riqueza (ou aumentando nosso "rombo"), quando usamos os serviços de empréstimo e financiamento dos bancos para realizar nossos desejos.

O entendimento das duas situações é simples. Não é preciso fazer seus filhos dominarem conhecimentos de matemática financeira – isso eles aprenderão no futuro. Essa noção é adquirida por meio de ensinamentos cotidianos, em que pais devem saber cobrar "juros morais" de seus filhos quando eles quiserem usar mais recursos e direitos do que têm.

Veja alguns exemplos:

Seu filho pede insistentemente um presente fora de época e usa todos os apelos emocionais para isso. Todos os colegas da escola têm, é o grande sonho da vida dele, ele diz que abre mão dos presentes de aniversário, Natal, Dia das Crianças... De novo, sei que não é fácil, mas, para o bem do futuro de seu filho, mantenha-se firme! Lembre-se de preservar as oportunidades de celebração e não gastar além do previsto. Proponha a seu filho uma ajuda, se ele tiver disciplina. Por exemplo, se guardar R$ 10 da mesada durante seis meses, você dobrará o valor poupado após esse período. Não importa a taxa de juros – ela não fará sentido para uma criança. O que importa é a percepção de que poupadores são recompensados com juros e que, por isso, podem realizar mais sonhos do que realizariam com seu montante inicial.

R$ 10 por mês x 6 meses	*= R$ 60 economizados*
+ juros de 100% do valor poupado	*= R$ 60 de juros*
Total para gastar após 6 meses	*= R$ 120*

O mesmo raciocínio do exemplo anterior vale para lições sobre dívidas. Seu filho quer um certo presente, mas já gastou toda a mesada. Você pode propor que, para receber adiantada uma verba de, digamos, R$ 20, ele deixará de receber R$ 21 da próxima mesada. Como na vida adulta, será punido por usar um dinheiro que não tem. Em outras palavras, terá de pagar aluguel para quem lhe emprestou.

Suponhamos que pais e filhos tenham um acordo quanto ao uso diário do videogame. Uma hora por dia, por exemplo. Invariavelmente, sempre haverá um dia em que os filhos desejarão estender o tempo de jogo além do combinado – seja por estarem com amigos em casa ou por estarem superando algum recorde pessoal. Uma boa oportunidade para negociar juros morais. Os pais podem propor que, para cada hora além do limite proposto, os filhos deixarão de jogar duas horas nos dias seguintes. Horas a menos durante a semana também podem se transformar em horas-bônus nos fins de semana. Seja justo e rígido com a regra e em breve você observará maior disciplina quanto ao horário.

As orientações anteriores não devem ser interpretadas como castigo, nem pelos pais nem pelos filhos. As propostas de juros morais devem ser apresentadas como consequências da justiça. Num lar justo ou numa sociedade justa, direitos e deveres são respeitados. Nem todos os filhos, obviamente, aceitam na infância tal fato com serenidade, mas certamente reconhecem suas boas consequências quando adultos. De qualquer forma, é essencial que as regras sejam combinadas antes. Evite mudá-las no meio do caminho e, principalmente, abrir exceções.

Princípio 5: NEGOCIAR

Amigos, amigos, negócios à parte. Seu dinheiro vale mais na sua mão que na dos outros

Como acontece com todos os povos latinos, brasileiros em geral não são bons negociadores. E não é por ignorância ou falta de sorte. Existem inúmeros motivos para isso, mas dois dos principais são a empatia, ou calor humano, dos brasileiros – uma qualidade bastante valorizada de nosso povo – e nossa visão preconceituosa da negociação.

Durante o tempo em que morei fora do país, sempre procurei conhecer melhor outras culturas e fazer conhecer um pouco mais da nossa. Muitos estrangeiros surpreendem-se ao saber que, no Brasil, as pessoas não trabalham de biquíni, não veem cobras enormes nas ruas e comem abacate com açúcar – e não com sal e vinagre, como na maior parte do mundo. Mas, sem exceção, todas as pessoas com quem tive maior tempo de conversa exaltaram a empatia dos brasileiros, nossa grande capacidade de fazer amizade.

Crianças de origem latina são educadas para interagir com outras crianças e com adultos. Quando vão a uma festa infantil, alegram seus pais pela bagunça que fazem com outras crianças, e não por se portar educadamente. Crescem sendo incentivadas a interagir, a se envolver socialmente, a formar um grupo. Na vida adulta, serão pessoas mais predispostas a novas amizades, de fácil integração e forte espírito de equipe. Brasileiros e latinos em geral fazem amizade muito facilmente.

De uma corrida de táxi a um corte de cabelo, da banca de jornal à feira, normalmente fazemos amizade ou, ao menos, criamos alguma empatia com o profissional que nos atende. O problema é que essa facilidade em fazer amizade é levada a extremos não recomendáveis nas diversas situações cotidianas de compra. Mesmo quando adultos, nos deixamos facilmente envolver pelo vendedor assim que somos recebidos na loja. A troca de sorrisos, o papo aparentemente despretensioso antes de tratar de negócios, as confidências mútuas de problemas pessoais e de sonhos são exemplos de técnicas comerciais para "fisgar" o comprador. Quando menos percebemos, somos amigos!

Obviamente, será muito mais difícil negociar e obter descontos de uma pessoa querida. Não faltarão argumentos para nos sensibilizar quando pedirmos um desconto. "Assim você quebra minhas pernas" soa como se realmente estivéssemos agredindo fisicamente um amigo vendedor. "Não posso dar mais desconto, já estou tirando de minha comissão." E quem disse que é papel do comprador garantir a comissão dos vendedores? Faça o vendedor exigir do gerente um abatimento no lucro da loja também!

Cabe a você e a cada pai ou mãe deste país transformar esse lado frágil em uma de nossas maiores qualidades. Não quero pregar o fim da empatia, do calor humano dos povos latinos. Quero alertá-lo de que é possível incentivar qualidades como essa sem criar uma perigosa armadilha de consumo.

Faça de cada compra ao lado de seu filho um evento com características marcantes e únicas. Diferencie as idas ao shopping a lazer das idas para compras. Adote uma postura mais séria e menos descontraída ao fazer compras. Caso contrário, estará associando o ato de comprar ao lazer. Tenha uma postura também séria durante a interação com vendedores. Descontraia-se somente após finalizar a compra. Se você gosta de fazer do ato de comprar uma rotina social, compre, feche negócio e depois se acomode ao lado do vendedor para um longo bate-papo. Certamente a criança a seu lado estará registrando seu comportamento para espelhá-lo no futuro.

Essa mudança de postura é a primeira parte de um bom processo de negociação. Defino *negociação* como a capacidade de convencer um vendedor, numa situação de compra, de que o seu real vale mais que o real do outro cliente. Estendo ainda essa interpretação para a ideia de que cada real que você deixou de economizar por falta de pechincha significa a perda de *dois* reais: o que você perdeu e o que o vendedor ganhou. Os mais racionais podem também entender essa interpretação do real duplo como a economia que, se ficasse aplicada em investimentos, em poucos anos dobraria de valor.

Cada centavo perdido ao longo de uma vida pode ser uma pequena parte daquele milhão de reais que qualquer pessoa gostaria de ter na velhice.

Piadas preconceituosas com estereótipos sociais que supostamente são menos perdulários – tipicamente árabes e judeus – formam na mente da criança uma imagem negativa do hábito de negociar. Da mesma forma, quanto mais intensas e frequentes forem as referências preconceituosas num lar, mais cegamente as crianças acreditarão na veracidade das interpretações associadas a essas referências. Mesmo que sejam originadas em piadas!

Os pais devem zelar para que a criança não desenvolva uma visão estereotipada de hábitos saudáveis como a pechincha e a poupança. Além de, obviamente, evitar piadas preconceituosas, cabe ao pai e à mãe repreender com veemência, na presença dos filhos, aqueles que introduzem tais referências no ambiente familiar.

A negociação também pode ser encarada como uma atividade divertida. Entre os povos árabes, é vista praticamente como um esporte. Tamanha é a habilidade desses povos nas negociações que restou aos outros vingar sua inferioridade fazendo piadas. Uma leitura que recomendo a pais e adolescentes é o clássico *O homem que calculava*, de Malba Tahan. Nele são apresentadas dezenas de situações cotidianas envolvendo habilidades e cálculos simples que, se aplicados na vida real, podem diferenciar o bom negociador de sua vítima.

Perceba no exemplo abaixo como, com um jogo de palavras, é possível levar uma rasteira dos números.

Eu, você e ele fomos comer num restaurante, e a conta foi de R$ 90. Decidimos dividi-la: cada um de nós pagou R$ 30.

O garçom levou o dinheiro até o caixa e o dono do restaurante disse o seguinte:

– Conheço esses três. São clientes antigos. Vamos devolver R$ 5 a eles.

Entregou ao garçom cinco moedas de R$ 1.

O garçom, muito esperto, ficou com R$ 2 para ele e deu R$ 1 para cada um de nós. Então, no final, a conta ficou assim: cada um de nós gastou R$ 30 menos R$ 1 que foi devolvido. Gastamos, portanto, R$ 29 cada.

Mas, se cada um de nós gastou R$ 29, gastamos juntos R$ 87. E, se o garçom ficou com R$ 2 para ele, o que aconteceu?

Nós três: R$ 87.

Garçom: R$ 2.

TOTAL: R$ 89.

Onde é que foi parar aquele R$ 1 que está faltando? Acho melhor você descobrir, pois, se não me engano, era seu...

Se você ainda não percebeu onde foi parar aquele R$ 1, releia e reflita antes de continuar. Não está faltando nenhum centavo na conta. Não podemos somar os R$ 87 que gastamos com os R$ 2 que o garçom tirou, pois ele tirou justamente do dinheiro que demos. Em vez de somar, temos de subtrair os R$ 2 dos R$ 87, obtendo então um resultado lógico: R$ 85, o pagamento do restaurante.

Para chegar ao resultado de R$ 90, a conta é outra. Temos de somar o faturamento do restaurante (R$ 85) mais o troco que recebemos (R$ 3) e mais o que o garçom embolsou (R$ 2). Percebeu como não é difícil cair em armadilhas de negociação?

Note que o bom raciocínio matemático não basta. Para que seus filhos tenham bons resultados com seu escasso dinheirinho, precisam desenvolver-se por completo, incluindo habilidades em comunicação e linguagem. Não deixe de explorar cada ida à feira e à loja de brinquedos como uma oportunidade de mudar sua atitude, barganhar e valorizar seu dinheiro. Combine com as crianças para que façam o mesmo. Ensaiem como se fosse para uma peça. Você verá que aprender a negociar pode ser também uma prática bem divertida.

Princípio 6: EQUILIBRAR

Vida rica é vida em equilíbrio

Proponho o sexto e último princípio fundamental como uma espécie de guarda-chuva dos demais. Nenhum dos cinco princípios anteriores valerá alguma coisa se você não for capaz de conscientizar seus filhos de que a vida mais rica é aquela em que os valores pessoais estão em equilíbrio.

A falta de cada um dos princípios que expus até aqui é um peso a mais a puxar nossos jovens para o mundo das dificuldades financeiras. Contudo, os excessos podem ser tão danosos quanto a falta, criando problemas por zelo demasiado. O equilíbrio, ou a capacidade de distinguir os extremos de falta ou excesso, será adquirido com a maturidade de seus filhos. Seu papel é o de prepará-los para reconhecer esses extremos.

Segundo o princípio 1 (VALORIZAR), você deve sempre engrandecer mais o valor que o preço das coisas. Mas seus filhos viverão numa sociedade em que nem todos terão as mesmas percepções de valor. Procure atentar para sinais de que o princípio 1 está sendo empregado em demasia na educação financeira de seus filhos: falta de interesse em retribuir presentes recebidos de amigos, incapacidade de oferecer gorjetas, desinteresse pela moda e opção por roupas demasiadamente baratas e de baixíssima durabilidade são alguns sintomas, em adultos e crianças. Na presença de tais sintomas, um incentivo ao consumo é desejável para tornar mais tangíveis os resultados de nossos esforços de trabalho.

Pelo princípio 2 (CELEBRAR), a rotina deve ser tanto construída para dar ritmo às finanças da família quanto quebrada por bons motivos para desfrutar do sucesso familiar. O perigo está em fazer da rotina algo extremamente frugal e entediante apenas para poder fazer de férias e datas festivas momentos de luxo extremo e destruição das reservas financeiras. Segundo a psicologia, picos de excitação intensa tendem a desencadear comportamentos depressivos. Não podemos viver 340 dias de mau humor acreditando curar esse sentimento em 15 dias de férias por ano. A rotina tem seu valor. A previsibilidade construída é saudável, não importa se sua rotina significa poder cozinhar todos os dias sua dieta preferida ou ir a cada dia a um restaurante diferente. Mas não deixe de dar a devida importância aos verdadeiros motivos para celebrações.

Os princípios 3 (ORÇAR) e 4 (INVESTIR) têm o intuito de lembrá-lo de que o sucesso financeiro pode ser arquitetado e construído com nosso próprio esforço, e que ele começa com o planejamento de como e quando gastar – e quanto poupar. Quem não tem dinheiro não pode consumir, certo? A resposta a essa pergunta é *talvez*. Cuidado para não incutir na mente de seus filhos a ideia de que financiamentos são um mal para a humanidade. Empréstimos e financiamentos devem ser evitados porque são desvios no seu caminho para o enriquecimento. Mas são também mecanismos para suprir necessidades mais urgentes e para ajudar a organizar o orçamento dos mais disciplinados. Comprar a prazo é, ao mesmo tempo, um perigo para os descontrolados e uma maneira de não ter picos de gastos para os mais controlados. Empresas praticamente não funcionam sem dívidas. A boa educação financeira não vai apenas criar meios de optar ou não por parcelamentos. Vai também criar meios de a pessoa ser disciplinada e controlada com suas contas, e de fazer com que o dinheiro trabalhe para ela.

Já o princípio 5 (NEGOCIAR) recomenda uma postura mais fria e calculista nas situações de consumo. Se essa recomendação for aplicada ao extremo, provavelmente você terá uma fera das negociações em casa. Ótimo! Mas nem sempre as situações de consumo demandam negociação severa. Devem-se valorizar também situações em que o foco não é a compra, e sim o vendedor. Na minha opinião, não é muito elegante negociar preços em bazares de caridade, na loja de um amigo ou num restaurante de beira de estrada. São casos em que você não está apenas *comprando*, mas também *prestigiando* ou até *contribuindo*, o que exige uma postura mais caridosa e flexível. Porém, em situações típicas de consumo, você deve prezar cada real ganho e valorizá-lo não só por seu poder de compra, mas pelo que ele produziria se fosse investido por alguns anos. Para nossa sorte, valorizar os centavos e brigar por pequenas margens fará, sim, muita diferença na construção de um patrimônio de milhões. Mas não podemos fazer disso uma obsessão paranoica, com discursos fervorosos diante do caixa que se recusa a lhe dar um centavo de troco. Basta, simplesmente, exigir sua parcela de vantagem quando seu direito é restringido. Diante da pergunta "Vai um chiclete de troco?", limpe a garganta e diga com um sorriso: "Só se forem três chicletes!" E não se esqueça de dar uma piscadinha cúmplice para o filho que o acompanha.

Enfim, uma vida financeiramente saudável inclui capacidade de poupar e também de consumir. Ambos em equilíbrio. Seu desafio está em criar na família um ambiente de reconhecimento de valores. Obviamente, os sentimentos não podem ser disfarçados, ainda mais com crianças por perto. Por isso, o primeiro passo para viabilizar uma educação financeira saudável para seus filhos é adotar os princípios aqui listados como diretrizes para sua própria vida financeira. No convívio com seus filhos, procure introduzir esses seis princípios de maneira natural. De tempos em tempos, verifique se você não está esquecendo de reforçar ou enfatizar um ou outro princípio, ou se não está dando atenção demais a apenas um deles.

As consequências dessa prática serão refletidas numa situação financeira mais estável e, mais cedo ou mais tarde, as crianças perceberão os motivos dessa estabilidade – consciente ou inconscientemente. Repito: a prática rotineira dos pais é o maior exemplo, e o peso do exemplo é imenso no aprendizado das crianças. Acredito, em razão disso, que a etapa mais difícil da educação financeira dos filhos seja mesmo a adaptação dos pais aos seis princípios. Para facilitar sua vida, proponho, no capítulo seguinte, seis atitudes fundamentais que o ajudarão a conduzir melhor a vida financeira da família.

A geração acelerada

Tenho participado de alguns projetos de educação financeira para universitários, uma oportunidade incrível de conhecer os hábitos da chamada Geração Z e dos *Millennials*, que desde o nascimento vivem uma realidade global e conectada pela internet.

Algumas características marcantes dessas gerações, do ponto de vista financeiro, são a precocidade com que surgem intenções empreendedoras, a ansiedade pela independência financeira e uma grande facilidade para pesquisar alternativas de preços e condições em sites especializados e redes sociais. O aprendizado dessas gerações não só é mais rápido como também mais pragmático, ou seja, focado no que é útil para suas vidas.

Esse aprendizado mais dinâmico facilita o desenvolvimento de dois importantes princípios de educação financeira: orçar e negociar. O primeiro é estimulado em razão da infinidade de ferramentas de planejamento oferecidas por diversos sites e divulgadas nas redes sociais. A capacidade de negociar é aprimorada pela impessoalidade característica das compras sem a presença física, que elimina a mais sutil e perigosa arma da negociação: a sedução. Na internet, nada é mais racional do que a negociação: basta fazer uma comparação de preços em sites que oferecem esse serviço.

Porém, que os pais não se iludam com a genialidade na organização e negociação de seus filhos! Se o ambiente virtual estreita as diferenças de comportamento e fortalece principalmente os mais tímidos, nada muda quando esses jovens se encontram em situações cara a cara do mundo real, ainda que essas situações sejam menos frequentes. Por isso, mesmo contando com as facilidades da tecnologia, continua nas mãos de pais e educadores o maior dos desafios: preparar os jovens para que façam escolhas equilibradas e saudáveis sob os diversos princípios de educação financeira, pois certamente eles vão deparar com situações nas quais essas facilidades não estarão presentes e em que a melhor ferramenta será usar a criatividade de maneira racional.

OS SEIS PRINCÍPIOS FUNDAMENTAIS DA EDUCAÇÃO FINANCEIRA

1. **Valorizar** – O que tem valor não tem, necessariamente, um preço
2. **Celebrar** – Celebrações reforçam as conquistas
3. **Orçar** – Nem mais, nem menos. Seu limite é o que você tem
4. **Investir** – Juros recompensam os poupadores
5. **Negociar** – Amigos, amigos, negócios à parte. Seu dinheiro vale mais na sua mão que na dos outros
6. **Equilibrar** – Vida rica é vida em equilíbrio

5

Seis atitudes fundamentais

Educar é uma questão de atitude, e afirmo isso com alguma propriedade. Aprendi, após pouco mais de uma década como professor de cursos de pós-graduação, que educar não se limita a despejar conhecimentos. Há algo além disso.

Nas primeiras oportunidades que tive de ministrar aulas, eu sentia que meu conhecimento poderia não ser o suficiente para aqueles cursos, pois todos os alunos eram mais velhos que eu. Era comum ouvir, aos 24 anos de idade, coisas do tipo "Esse moleque é que vai dar aula?", "O professor faltou e mandou o estagiário?" ou "Chegou a turma da Xuxa". Mesmo quem não leciona já passou, em algum momento, pela desagradável sensação de insegurança que surge quando estamos fazendo algo novo. Deu trabalho, mas, aos poucos, conquistei a credibilidade em minhas turmas. Esforçava-me em procurar, sempre, deixar qualquer dúvida devidamente respondida e, quando isso não era possível, não respondia o que não sabia. Se me perguntassem algo que eu não soubesse, dizia apenas que a pergunta era boa e que eu não sabia a resposta, mas que a traria na aula seguinte. Muitas vezes, encerrava aulas propondo aos alunos que pesquisassem sobre a dúvida do colega, valendo bonificações na nota.

Nos primeiros anos como professor, acredito que minha carteira de aulas aumentou simplesmente por meus alunos reconhecerem uma atitude honesta e um bom relacionamento, não exatamente pelo meu conhecimento. De maneira um tanto quanto inconsciente, criei para mim oportunidades de aprendizado de que se privam alguns professores, crentes de serem os donos do saber.

Essa reflexão pessoal vale para você, pai, mãe ou, obviamente, educador. Não queira convencer seus filhos ou alunos de que você é dono da verdade e infalível, pois o máximo que vai conseguir deles, um dia, é a percepção frustrada de que seu super-herói era uma farsa.

Seja honesto com crianças e jovens. Lembre-se de que a informação é hoje uma mercadoria acessível a qualquer um, inclusive a eles. O papel dos pais não é mais o de ensinar. É de apresentar às crianças e jovens os melhores meios de acesso à informação e alertá-los sobre as armadilhas da vida. É pavimentar o caminho para que eles aprendam a aprender, como afirmei no início do livro. Para os pais, os filhos nunca crescem, mas, sem que você perceba, eles se tornarão adultos bem antes do que você imagina, pelo menos na sua percepção do que é ser adulto.

Lembre-se de que o aprendizado se faz com conhecimentos, habilidades e atitudes. Proponho a seguir seis atitudes fundamentais que filtrei de minha pesquisa em textos de psicologia e pedagogia. Essas atitudes, se não forem suficientes, serão ao menos úteis para marcar intensamente o período de aprendizado e convivência com os pais na vida de seus filhos. Ao ler as linhas seguintes, recomendo pausas para reflexões e anotações sobre como aplicar cada atitude nas particularidades da vida de sua família.

Atitude 1: ENSINE TODOS OS DIAS

Aprendemos por repetição

Um erro comum que vejo muitos pais cometerem é repreender seus filhos com a frase "Já falei para você não fazer isso", como um ultimato insinuando que dizer algo uma vez a alguém é suficiente para um aprendizado definitivo. Esqueça essa postura equivocada.

Mesmo adultos não conseguem aprender de primeira. Para aprender bem qualquer assunto, precisamos ouvir um ou mais especialistas tratar desse assunto diversas vezes, melhor se com diferentes abordagens. Ao concluir uma faculdade, a percepção mais nítida que qualquer estudante tem é a de que ele não sabe nada ou sabe muito pouco sobre sua atividade profissional. Não há nada de errado nessa percepção.

A maior parte do conteúdo técnico abordado na faculdade é apresentada pela primeira vez na vida do estudante, várias disciplinas simultaneamente, com carga horária limitada e a pressão indireta das provas, que o obrigam a dominar aquela parcela do conteúdo necessária à aprovação. Concluir uma faculdade não faz de ninguém um especialista de fato, independentemente do nível ou do preço da instituição. A verdadeira especialização é adquirida no cotidiano profissional. O recém-formado tem de recorrer a suas anotações de aula e seus livros didáticos. Com o tempo, a repetição das consultas às ferramentas consolida o aprendizado, dispensando futuros retornos ao material.

Muitas escolas de idiomas lançam mão do método da repetição. Não importa qual o idioma. De tanto ouvir que o livro está em cima da mesa, que a xícara está em cima da mesa ou que o sapato está em cima do sofá, no mínimo ao final da aula você saberá dizer, em outro idioma, que algo está em cima de algo. Com um dicionário à mão para ajudá-lo com uma ou outra palavra, a comunicação não será difícil.

Seus filhos, como qualquer ser humano, dificilmente reconhecerão a importância de valores e de ideias práticas se estes não fizerem parte do cotidiano da família. Não adiantará nada criar o "sábado do aprendizado financeiro em família" ou a "semana de organizar as contas" se esse tipo de evento não ocorrer com alguma regularidade. Tudo que envolver disciplina, organização e cortes de gastos e não estiver intrinsecamente relacionado à rotina terá uma conotação pedante e desestimulante. A reação mais gentil que você deve esperar de seus filhos se optar pela quebra da rotina é uma inconformada cara amarrada.

Esforce-se para fazer do aprendizado financeiro algo cotidiano. Nada de longas conversas sobre bancos, juros e riqueza. Esqueça os planos de reunir as crianças para uma ampla discussão dos grandes objetivos da família e dos sacrifícios para consegui-los. Reúna-as apenas para os pequenos e rotineiros projetos, que realmente interessam a eles. A rotina dilui o esforço do aprendizado e evita que ele se torne um sacrifício.

Escoteiros têm como missão de cidadania praticar uma boa ação todos os dias. Esforce-se para fazer sua boa ação cotidiana em relação à riqueza de seus filhos. Uma pequena ação por dia pode ser suficiente. Alguma destas frases, por exemplo, pode ser o início de um descontraído bate-papo:

"Você guardou alguma moeda no cofrinho esta semana?"

"Papai está trabalhando até mais tarde para conseguir ganhar mais e pagar nossas férias."

"Não vou levar o cartão de crédito ao shopping porque percebemos que o dinheiro no banco está acabando, não temos mais verba para compras neste mês."

"Você está conseguindo guardar aquele dinheirinho para o cinema do fim de semana?"

"Aquele moço está triste porque gastou mais dinheiro do que tinha e teve que devolver o que comprou."

"Topa um desafio? Só vou comprar a roupa que você está me pedindo se você me ajudar a conseguir R$ 10 de desconto com a vendedora."

Frases simples, mas que fazem uma criança refletir. Quanto mais frequentes, mais marcantes serão os hábitos e ensinamentos extraídos delas. Procure incluir desafios na rotina com os filhos, como na última frase que sugeri. Criança adora desafios. Criar hábitos requer um certo sacrifício dos pais, cujo principal ingrediente é uma responsável mudança de atitude. Isso exigirá que você esteja em constante estado de alerta, principalmente no começo desse processo educativo, mas o hábito tornará isso cada vez mais natural. É desafiador, mas os resultados não demoram a aparecer e são compensadores. O sentimento que tenho, ao colher pequenas vitórias com meus filhos, é de recompensa infinita!

Não espere que seus filhos absorvam rapidamente um comportamento saudável em relação a suas finanças, pois esse é um comportamento tipicamente adulto. Adultos financeiramente conscientes têm a real dimensão da renda, de suas limitações e dos problemas gerados pelos erros na administração financeira. Crianças não trabalham e não têm renda, por isso não é natural para elas um comportamento de preocupação com os resultados do trabalho.

É justamente por isso que os ensinamentos cotidianos não devem ser feitos na esperança de uma imediata compreensão por parte da criança. Uma qualidade imprescindível ao educador é a perseverança. Água mole em pedra dura, para obter resultados definitivos, mesmo que após anos de ensinamentos. Outro papel de pais, mães e educadores é o de construir valores, desenvolver numa mente imatura uma visão mais responsável. Talvez os resultados de todo esse aprendizado apareçam somente ao final da adolescência, ou até mais tarde.

Atitude 2: ENSINE COM DIVERSÃO

Aprendemos por prazer

A grande dificuldade em ensinar crianças a lidar com o dinheiro está na seriedade com que o tema é normalmente abordado. Crianças gostam de imitar adultos, mas, no fundo, o que elas mais querem mesmo é ser crianças. Seu papel é brincar, e elas sabem disso. Entendem que o papel dos pais é o de cuidar delas, por isso se recusam a fazer coisas que não sejam divertidas, por mais importantes que sejam para sua vida, pois consideram que quem deve fazê-las são os adultos.

Portanto, outra atitude que faz do aprendizado financeiro um processo natural na infância e na adolescência é associá-lo às atividades que interessam aos filhos. Invariavelmente, essas atividades têm que ser divertidas. Muitos filhos não demonstram nenhum interesse em sentar à mesa com os pais para discutir os gastos da família. Mas a postura certamente será outra se o objetivo da reunião em família for um debate sobre as próximas férias ou sobre um passeio de fim de semana – o que, ao fim e ao cabo, representa gastos.

Esforce-se para fazer do aprendizado financeiro algo prazeroso. Evite sermões a respeito da mesada. Evite também compartilhar exaustivamente com as crianças os problemas financeiros da família. À medida que envelhecemos, temos uma tendência a querer contar histórias do passado aos mais jovens. Prefira as histórias positivas, com referências a boas sacadas e boas escolhas de algum conhecido. Procure ter histórias desse tipo para contar. Conte também histórias de insucessos, mas priorize aquelas em detrimento destas. No nosso mundo, já existe um excesso de referências negativas em relação ao dinheiro.

Experimente jogos, livros e filmes que tratem de riqueza e administração da mesada. Enquanto muitas editoras, empresas de jogos e produtoras de filmes possuem apenas ambições comerciais, outras têm interesse em criar produtos que divirtam as crianças e atendam aos anseios educacionais de pais, terapeutas e educadores. Converse com profissionais e selecione os melhores produtos.

Se seus filhos têm planos de viajar com colegas, compartilhe com os pais desses colegas as orientações sobre cuidados com o dinheiro. Procure convencê-los a adotar orientações comuns para todo o grupo. Quando estiverem longe dos pais, os pequenos mutuamente se cobrarão das orientações recebidas, caso elas sejam as mesmas para todos. Se o grupo de amigos e pais tiver suficiente intimidade, proponha que todas as crianças administrem conjuntamente a verba do grupo, para que decidam, também em conjunto, quanto gastar nas atividades coletivas.

Uma consequência interessante desse tipo de proposta costuma ser a opção por alternativas mais econômicas. Quando crianças compram para o grupo de amigos, ficam mais propensas a gastar menos e compartilhar com os colegas aquilo que compraram. Você pode se surpreender positivamente com as escolhas de seus filhos.

No próximo capítulo, apresento algumas ferramentas e ideias que podem ser usadas pelos pais para fazer do aprendizado financeiro algo mais divertido e interessante.

Atitude 3: ENSINE PELO EXEMPLO

Aprendemos por inspiração

Você já parou para pensar quem são os ídolos de seus filhos? Em quem eles se espelham para sonhar com o futuro? Pense no nome de alguém, uma pessoa muito admirada por seus filhos. Não me espanta se os únicos nomes que lhe vêm à mente sejam de pessoas ligadas à família. Realmente nos faltam personalidades a admirar. À exceção de alguns nomes de apresentadores de televisão e alguns ídolos do esporte, nossos filhos são e continuarão sendo extremamente carentes de exemplos, de ídolos profissionais ou ídolos de conduta a serem seguidos. Ou terão na família, com seus valores e costumes, os melhores exemplos a seguir.

As pessoas razoavelmente informadas que acompanham a política brasileira sabem que, independentemente de partido ou ideologia, a classe política é formada por um número substancial de corruptos e aproveitadores. Admiramos nossos eleitos até descobrir suas pilantragens, suas propostas de leis criadas em benefício próprio, suas estratégias de desvios de recursos e suas manipulações políticas pautadas em jogos de poder. E, ao descobrir, resta-nos a frustração, pois outros eleitores desinformados elegerão novamente o nome famoso da televisão.

Nas diversas religiões acontece algo semelhante. Todas têm certo núcleo comum, uma essência de valores e princípios universais. Mas cada uma diferencia-se das demais pelas criações humanas, caracterizadas por princípios, normas ou doutrinas que acabam se tornando o núcleo das discussões entre os seguidores. Muitas das orientações oferecidas pelas igrejas giram em torno do que é permitido ou proibido. E muitas das fofocas entre os frequentadores limitam-se a tratar de quem violou as normas.

Crescemos rodeados de pessoas e instituições que ostentam a bandeira do "Faça o que eu digo, mas não faça o que eu faço". Por isso, cidadãos que teriam muito a contribuir com a sociedade, atuando como seus representantes, abominam a política. Por razões parecidas, pessoas de elevado valor moral acabam por abandonar as doutrinas de sua igreja.

Exponho aqui minhas reflexões pessoais sobre política e religião para fazer um paralelo em relação ao sentimento dos filhos quando "cai a ficha" quanto a seus pais. Se você oferece ensinamentos e não os pratica, certamente enfraquecerá as lições oferecidas. É fato que aprendemos muito também com os erros dos outros, evitando repetir atitudes fracassadas, mas não creio que você queira fazer parte da história da família como um modelo de fracasso. Aprender e ensinar com o erro dos outros é mais barato e inteligente.

"O exemplo vem de casa." Essa frase foi repetida inúmeras vezes durante anos e anos pelo meu sogro, o saudoso senhor Rubens. Ensinamento simples, com uma grande mensagem em poucas palavras, que seus filhos entenderam bem por ouvi-la quase cotidianamente, sobretudo durante a adolescência. A frase é lembrada com nostalgia nos almoços em família aos domingos. Meus cunhados e minha esposa nunca foram privados de suas escolhas. Enquanto muitos pais optam por fazer sermões diários a seus filhos, as histórias de família contam que o senhor Rubens era incapaz de proibir qualquer pessoa de qualquer atitude ou comportamento. Seus filhos tinham amigos com todos os tipos de vício. Mesmo assim, nunca ouviram de seu pai algo como: "Não quero ver você fumando maconha!" Suas frases referiam-se a seus atos: "Você já me viu beber? Já me viu com um cigarro na boca? Já me viu parado num bar? Que isso lhe sirva de

exemplo." Seus filhos seguiram seu exemplo e orgulham-se de levar uma vida saudável, honesta e sem vícios.

Reitero que seus hábitos devem se adequar àquilo que você espera para seus filhos. "Filho de peixe peixinho é", diz o ditado. Se você não quer que seus filhos errem na vida, faça sua parte, policiando-se para não cometer os temidos erros.

Lembre-se dos seis princípios fundamentais de que tratei no capítulo anterior. Se você, independentemente de seu grau de riqueza, tem o hábito de presentear amigos e familiares com objetos mais caros do que os que recebe, induzirá seus filhos a fazerem o mesmo com os colegas – e, acredite, o número de colegas deles será maior que o de sua infância e adolescência. Se você presenteia-se sem motivo, dará a seus filhos o direito de exigir o mesmo para eles. Se vive no vermelho e faz disso uma regra – e não a exceção –, terá filhos dependentes de limites de crédito para realizar seus sonhos. Se faz das compras uma atividade de lazer, verá seus filhos crescerem extremamente dependentes do consumo. Se é displicente nas negociações, terá filhos tão ou mais perdulários que você. E seus filhos guiarão suas vidas com os mesmos valores com que você guia a sua; cabe, então, a você buscar equilíbrio em sua vida presente a fim de oferecer um bom exemplo.

Atitude 4: ENSINE COM JUSTIÇA

Aprendemos por obrigação moral

Apesar do ritmo impressionante da evolução das tecnologias e dos meios de informação, a rotina de uma criança continua relativamente bem menos complexa que a de um adulto. Suas preocupações são em menor número e de curto prazo. Crianças não se preocupam com os tributos que terão de pagar daqui a 12 meses, ou com o plano de previdência que vai gerar frutos daqui a 15 anos. Preocupam-se com o feriado do próximo mês, com as provas escolares da próxima semana ou com a competição de natação do sábado. Adolescentes preocupam-

-se com o número de beijos que darão na próxima balada ou com o vestibular do ano seguinte.

Mas é injusto dizer que crianças e jovens não têm preocupações. Por serem mais simples e em menor número, essas ingênuas preocupações são muito intensas e marcantes. Na percepção de um adulto, são tempestade em copo d'água. Se uma criança diz que quer determinado brinquedo a um desatento pai que lê o jornal e ele responde que o comprará no fim de semana, é provável que essa criança não durma, esperando o dia prometido. A promessa do pai pode passar a se tornar o foco de atenção da semana, talvez até o assunto da roda de amigos na escola.

Não cumprir a promessa feita a essa criança pode significar a ruína de um enorme castelo construído durante dias. E dias para uma criança podem equivaler a meses da vida de um adulto, pois as percepções de tempo são bastante diferentes. Não haverá desculpa capaz de justificar tamanho "furo" dos pais. "Furo" que será interpretado, pela criança, como uma traição. "Disseram que iriam comprar só para eu não pedir mais... Terei que ser mais insistente da próxima vez!" Os pais sentirão as consequências nos dias e pedidos subsequentes.

Planos são feitos para ser realizados. Pais que não cumprem promessas são pais que criam dívidas morais com seus filhos. Se a dívida moral, ou o não cumprimento de uma promessa, for algo cotidiano na vida das crianças, elas entenderão que promessas servem apenas para botar panos quentes em situações de conflito. No futuro, prometerão honrar seus empréstimos e não sentirão o menor peso na consciência se não o fizerem. Evite essa percepção, deixe essa imagem ruim apenas com os políticos.

A justiça tem duas faces que, como numa moeda, estão sempre unidas. Uma delas é honrar a palavra. Somente uma pessoa justa será tratada com justiça. A outra é esperar dos demais uma atitude justa. Procure ensinar seus filhos a ser justos e honestos, mas faça-o de maneira proativa, não simplesmente torcendo para que isso aconteça.

Tão importante quanto as normas impostas é o respeito de todos a elas. Regra que vale para um filho vale para todos. Regra que vale para os filhos deve valer para os pais, senão não faz sentido. Cuidado com a interpretação de justiça: não é porque os filhos devem deitar-se às oito horas da noite que os pais precisam fazer o mesmo. Uma regra justa é que todos tenham hora para dormir, assim como é justo que todos tenham algum tempo para o lazer, deixando claros os fundamentos e necessidades desse horário para cada um.

Atitudes honestas e civilizadas também fazem parte do senso de justiça. Você passará a ser declaradamente desonesto e injusto quando disser diante de seus filhos que o governo não merece receber seus impostos e que por isso você sonega. Se o governo não sabe lidar honestamente com seu dinheiro, mude o governo pelo voto e pelo protesto em vez de sujar sua própria honra, principalmente diante dos filhos. O mesmo vale nas situações em que pais aceitam receber troco errado a mais e se vangloriam disso, argumentando que a loja cobra caro pelos produtos. Se o lojista cobra caro, mude isso pesquisando preços e comprando onde o preço é justo, e deixe isso claro para os filhos. Acredito que a pior imagem que um filho pode ter de seus pais é imaginá-los como desonestos, mesmo que essa interpretação possa ser um fantasioso exagero.

Pais e mães são os heróis de seus filhos, até começarem a decepcioná-los. E, certamente, obrigar as crianças a seguir regras que não são válidas para todos, sobretudo para os pais, fere na essência o rudimentar senso de justiça delas. Elas nascem puras de consciência e desenvolverão o senso de justiça à medida que forem crescendo. Ensinar-lhes que a existência de regras não implica seu cumprimento é o mesmo que destruir gradualmente uma qualidade que já nasceu feita pela natureza.

Atitude 5: ENSINE COM HUMILDADE

Aprendemos também quando ensinamos

Jamais subestime o potencial e o conhecimento de seus filhos. Essa é uma regra que sigo como professor, respeitando as ideias e os fatos trazidos por alunos a minhas aulas. Já mencionei que seus filhos são usuários, principalmente nas escolas, de tecnologias que fornecem uma quantidade incrível de informações atualizadas. Antes de chegarem à adolescência, é provável que tenham armazenado uma quantidade de informações superior à que você acumulou até a vida adulta.

Na idade em que você riscava papéis com giz de cera em sua infância, seus filhos hoje programam páginas virtuais na internet ou canais no YouTube. É provável que eles saibam da história da reprodução das flores com a ajuda das abelhinhas até antes de dominar a escrita fluente. Se você iludir-se e acreditar que estará sempre informando coisas novas a seus filhos, provavelmente os decepcionará cedo.

Tenha a humildade de também aprender com eles. Ninguém nasce sabendo tudo, e é importante que os filhos vejam seus pais como seres humanos tão frágeis quanto eles, porém com um punhado de lições tiradas de erros e acertos que os anos a mais lhes permitiram aproveitar. Se alguma informação fornecida aos filhos for rebatida com uma correção ou uma opinião divergente, procure entender mais da interpretação deles. Agradeça pela oportunidade de aprender. Não é vergonha demonstrar interesse pelo que eles aprendem na escola.

Com o tempo, você poderá desenvolver a habilidade de aproveitar esse tipo de oportunidade para contar um pouco mais sobre os métodos de ensino e outras curiosidades de seu passado. No mínimo, estará desenvolvendo a aptidão de seus filhos para o aprendizado de disciplinas relacionadas ao tempo e à evolução, como História e Geografia.

Esteja, portanto, preparado não somente para falar, mas também para ouvir atentamente, sem julgamentos. Se seus filhos disserem que aprenderam a fazer contas na escola, não deixe de demonstrar interesse. Esse interesse poderá lhe ser extremamente útil quando, mais tarde, eles tiverem condições de lhe apresentar assuntos que são novidades até mesmo para os adultos, como os sistemas de informação baixados da internet durante a aula ou os exemplos práticos que os professores deram nos laboratórios.

Algumas escolas, principalmente as particulares, estão cada vez mais preocupadas com a demanda dos pais por um ensino abrangente e aplicado. Você não aprendeu nada sobre bancos e economia em sua escola, mas eu já participo há tempos de palestras e debates com alunos para tratar de investimentos, formação de riqueza e cuidados a tomar com o salário que receberão no futuro. Não ficarei surpreso se, em breve, alguns pais tiverem seu primeiro contato com planilhas de controle orçamentário e simulações de compra e venda de ações por meio das lições de casa de seus filhos.

Recentemente, fui convidado por um tradicional colégio de São Paulo para um "debate sobre dinheiro". O evento não foi proposto por professores, mas sim por uma turma de alunos da sexta série do ensino fundamental. Como parte do exercício, os professores pediram aos alunos que levantassem suas dúvidas previamente, após uma pesquisa nos cadernos de economia dos jornais. Eu mesmo me surpreendi com algumas das questões levantadas, entre elas:

"Quais as recomendações de investimentos para quem pensa em se aposentar daqui a 45 anos?"

"Qual percentual da mesada se deve investir?"

"Qual a diferença entre ações ON e PN?"

"O que é melhor: comprar ou alugar um imóvel?"

"O que é melhor: morar numa casa grande na favela ou numa casa pequena num bairro nobre?"

"Como convencer os pais (!) da importância de um plano de previdência?"

"Filhos deveriam saber quanto os pais ganham?"

Algumas das dúvidas, reconheço, exigiram de mim reflexões mais cuidadosas do que a maioria das perguntas que adultos fazem em meus cursos e palestras. Saí do debate com a incrível sensação de ter aprendido muito com a forma de pensar dos pequenos.

Será que você tem consciência das incríveis dúvidas que seus filhos podem ter em relação ao dinheiro? Que tal se abrir um pouco para um papo diferente?

Atitude 6: ENSINE COM CARINHO

Aprendemos por amor

Você está buscando caminhos melhores para seus filhos. Eles gostariam não apenas de *saber* disso, mas também de *sentir* isso. Muito do conteúdo do aprendizado estará perdido se, de determinados eventos ou oportunidades de tirar lições, a principal lembrança a guardar for o mau humor dos pais ou o conflito gerado por um tema.

Nossas lembranças funcionam por associações. Quanto mais agradáveis forem os momentos de aprendizado, mais positivas serão as lembranças associadas ao tema ensinado. Essa é a razão por que recomendo aproveitar passeios e viagens como oportunidades educativas.

Um ambiente familiar harmonioso é, sem dúvida, muito mais propício e produtivo para o aprendizado. É a mesma regra das empresas: ambientes hostis e insalubres reduzem sensivelmente a produtividade dos colaboradores. Por melhores que sejam as intenções dos pais, por mais atentos que estejam aos seis princípios e às outras atitudes fundamentais, de nada adiantará o esforço de ensino se os filhos associarem o ambiente familiar a conflitos.

Quando crianças e jovens sentem em seu lar um ambiente construtivo, harmonioso e de respeito, tendem a procurar preservar e reforçar essa atmosfera. Nem sempre os pontos de vista dos pais serão entendidos pelos filhos, e vice-versa. Contudo, por maiores que sejam as tentações de envolver-se numa situação não aprovada pelos pais, o amor mútuo da família certamente pesará nas escolhas das crianças e dos jovens. Tais valores perpetuam-se por toda a vida. Conheço pessoas já adultas que, ao recusar um convite, não sentem o menor constrangimento em falar: "Meus pais não aprovariam esta atitude."

É de ambientes desfavoráveis que surgem traumas, neuroses e outros tipos de bloqueio psicológico que restringem as capacidades e o bem-estar dos adultos. Se você acredita que o relacionamento familiar está desequilibrado e desfavorável a conversas francas, sugiro que busque orientação com um terapeuta familiar. Esse será um passo importante para colocar em prática, de maneira bem-sucedida, novas ideias educacionais.

Há meios de avaliar quanto o ambiente familiar está equilibrado. Crianças e jovens que são tratados com o carinho que esperam costumam retribuir do seu modo aos adultos. Sabem ouvir, agradecem, demonstram admiração. Alguns sempre dizem aos pais que os amam, gesto comum em crianças mais expansivas. Outros não o afirmam enfaticamente, mas a simples postura de curiosidade quando os pais falam ou a companhia silenciosa no mesmo ambiente são sinais de que a presença dos pais é confortável à criança ou ao adolescente.

Por outro lado, crianças sempre distantes, mal-humoradas, isoladas e emburradas quando precisam acompanhar os pais são sinal de fragilidade do relacionamento. De nada adiantará cobrar uma postura diferente dessas crianças, pois seu comportamento é uma reação negativa à não correspondência de sentimentos dos pais. Caso típico para recorrer a ajuda profissional.

Lembre-se que o amor de seus filhos não pode ser comprado. O único meio de tê-lo é amando-os. Não se esqueça, entretanto, de procurar saber qual é a percepção que seus filhos têm do amor em família. Eles também têm sua forma de amar e esperam ser correspondidos. Como em qualquer tipo de amor, saber corresponder requer compreensão e concessões mútuas.

Como *não* se deve ensinar

Atente não somente para a falta de alguma das seis atitudes, mas também para os excessos.

A atitude de ensinar todos os dias não deve ser confundida com "Massacre seu filho com informações financeiras 24 horas por dia". A proposta dessa atitude fundamental é motivá-lo a manter-se alerta para aproveitar oportunidades cotidianas. Isso não significa, nem de longe, fazer de cada garfada de alimento ou de cada pagamento na padaria um ensinamento sobre as leis do dinheiro. Não permita que os assuntos "dinheiro" e "riqueza" predominem nas conversas familiares, deixando os demais valores pessoais em segundo plano. Se o tema saturar, o resultado pode ser exatamente o oposto do esperado.

A mesma cautela vale para a atitude de ensinar com diversão. Se exagerar na frequência e intensidade das brincadeiras e jogos, possivelmente será criada a falsa impressão de que a vida é um grande parque de diversões. Aproveite os momentos de diversão para educar ou insira um pouco de diversão ou curiosidades nos momentos de educação. Mas evite fazer dos momentos de estudo um período de brincadeiras e falta de seriedade, pois essa atitude pode comprometer seriamente a concentração em sala de aula ou em atividades de ensino menos participativas. Estudar não é mais uma dentre as várias brincadeiras de criança, e é importante que os pequenos entendam isso.

A orientação de educar pelo exemplo exige também seus limites. Você deve policiar-se para servir de exemplo cotidiano a seus filhos, mas não os deixe acreditar que você é um modelo de sucesso impecável nas atitudes e na condução da vida. Você é um ser humano falível, e seus filhos devem perceber e entender isso. Tire lições de seus erros também, principalmente quando eles vierem acompanhados de mudanças positivas. Um ótimo exemplo de sucesso a transmitir aos filhos é saber administrar de maneira positiva e construtiva os fracassos. Procure destacar a habilidade e o sucesso nas escolhas de terceiros, de pessoas com as quais seus filhos mantêm contato com alguma frequência. Essa atitude pode suscitar uma grande admiração de seus filhos por essas pessoas, mas esqueça o ciúme. Ampliar o círculo de referências para fora da família auxilia na socialização e no aumento de exemplos positivos para as crianças.

Até mesmo a atitude de ensinar com justiça pode trazer consequências negativas quando praticada em excesso. Ser rigoroso e justo é diferente de ser implacável. Não faça de si mesmo o Poder Legislativo da família, e do lar o Poder Judiciário. Use seu bom senso quanto às limitações das crianças. A democracia brasileira é um exemplo de que leis em excesso e sanções frequentes demais não trazem nem harmonia nem maior obediência às normas. Seja objetivo nas regras de convivência e justo na interpretação dessas regras, sem excessos nem privilégios. Pais que se valem da posição hierárquica na família para não respeitar regras estão dando a seus filhos as primeiras lições sobre a "carteirada", prática inescrupulosa e comum no funcionalismo público do Brasil.

Quanto à atitude humilde de aprender com os filhos, vale lembrar que curiosidade e interesse pela educação deles não podem ser uma via de mão única. À medida que crescem, as crianças supõem corretamente que seus pais já aprenderam muito daquilo que seus professores ensinam na escola, e que na fase adulta continuam aprendendo coisas mais complexas. Experimente também compartilhar com seus filhos ideias e assuntos "de adultos", como economia, saúde, negócios e cultura. Comece com comentários sobre notícias, atente para os temas que lhes interessam mais. Essa postura saudável, entre outros benefícios, ajudará a despertar as vocações profissionais de seus filhos.

Pode parecer incrível, mas até mesmo para adotar a atitude de ensinar com carinho é preciso certo controle da dosagem. Amor e carinho não fazem mal a ninguém, mas a própria aplicação em adotar uma atitude justa pode resultar em carinhas emburradas e distanciamento temporário entre pais e filhos, como durante a imposição de um castigo. Educar com carinho vai muito além de ser sempre doce, meigo e afável. Inclui respeitar as crianças e jovens, adverti-los sem elevar o tom de voz e puni-los sem agressões físicas, verbais ou psicológicas (estas últimas uma prática comum, como nas chantagens e ameaças desproporcionais). Pais e mães carinhosos restringem, castigam e proíbem, mas fazem do diálogo uma ferramenta importante para tirar lições dos momentos difíceis.

De certa forma, minha orientação aos pais é, essencialmente, que tenham coerência em suas ações e atitudes. Se você não quer que seus filhos cometam os erros que você cometeu na vida, deve começar a reparar em suas próprias atitudes e deficiências que originaram esses erros. A pior forma de ensinar é ter atitudes não condizentes com seu objetivo. Seus filhos são parte de sua família, por isso os hábitos deles serão apenas variações dos costumes familiares. Reflita profundamente sobre esse ponto, pois sua dificuldade de colocar em prática seus objetivos pode ser a principal barreira para motivar seus filhos a almejar tais objetivos no futuro.

Você deve ter reparado que as orientações fornecidas neste capítulo e no anterior não servem apenas para o aprendizado financeiro dos filhos. Procurei enumerar as principais atitudes que provaram, nas consultorias que pratiquei e em estudos da Psicologia e da Pedagogia, ser muito úteis como facilitadoras do aprendizado em geral. O aprendizado financeiro não pode ser dissociado do aprendizado tradicional, uma vez que, na vida adulta, o equilíbrio financeiro pessoal somente fará sentido se fizer parte do equilíbrio pessoal ou familiar como um todo.

Espero que as contribuições que trouxe até agora com este texto tenham fornecido reflexões sobre outras situações cotidianas. Mas, de agora em diante, trato de orientações especificamente relacionadas às finanças da família e dos filhos. Sugiro que você procure assinalar os tópicos mais importantes daqui para a frente, a fim de relê-los posteriormente ou de compartilhá-los com seu companheiro, se for o caso de uma educação a dois.

AS SEIS ATITUDES RECOMENDADAS PARA EDUCAR OS FILHOS

1. **Ensine todos os dias** – Aprendemos por repetição
2. **Ensine com diversão** – Aprendemos por prazer
3. **Ensine pelo exemplo** – Aprendemos por inspiração
4. **Ensine com justiça** – Aprendemos por obrigação moral
5. **Ensine com humildade** – Aprendemos também quando ensinamos
6. **Ensine com carinho** – Aprendemos por amor

6

Ferramentas para o aprendizado

Conhecimentos e atitudes não bastam. O aprendizado se consolidará à medida que for praticado. Por isso, é recomendável que se procure desenvolver as habilidades dos filhos em diversas frentes, inclusive no âmbito financeiro. Isso requer criatividade de pais e educadores para planejar práticas que, na medida do possível, envolvam os seis princípios e respeitem as seis atitudes fundamentais na educação financeira.

Sem a prática, ensinamentos se perdem com o tempo. Se não forem adequadamente reforçados, entram por um ouvido e saem pelo outro. Neste capítulo apresento algumas práticas que se mostraram eficientes em diversas famílias que acompanhei, tanto do ponto de vista de pais quanto de filhos. São ideias que podem ser experimentadas com seus filhos e que, se aprovadas por eles, estarão capacitando-os a fazer escolhas melhores em relação ao dinheiro em suas vidas.

Como busco, em cada sugestão, ensinar com diversão, é improvável que seus filhos desaprovem todas elas. Pelo mesmo motivo, nada impede pais e educadores de experimentarem diversas ferramentas simultaneamente.

Mobilização nas escolas

O processo de educação é complexo e sensível a inúmeros fatores externos. Pais, parentes, escola, mídia, amigos, ambiente e incidentes concorrem simultaneamente para o processo de formação da capacidade de raciocínio da criança. Esse fato, por si só, já é suficiente para assegurar-nos que é impossível moldar o caráter e a personalidade de alguém, assim como não se deve atribuir a um ou outro desses elementos a responsabilidade por desvios de conduta ou de caráter. A unicidade de cada indivíduo resulta da ação conjunta de todos esses agentes externos.

De qualquer forma, cada agente possui seu peso na formação individual, e certamente o peso da ação – ou da falta dela – dos pais é significativo, pois é das escolhas deles que resulta o ambiente de crescimento dos filhos. Por isso, gostaria de dedicar especial atenção a possíveis equívocos nas escolhas dos pais.

Conforme explicitei no capítulo 2, escolhas inadequadas em relação à educação, assim como no campo financeiro, mostrarão seus efeitos apenas no futuro. Jamais se submeta ao erro de acreditar que seus filhos estão sendo bem preparados simplesmente por tê-los confiado a uma boa escola. Mesmo as boas instituições são sujeitas a falhas, uma vez que sua atividade compõe-se de incontáveis fatores, como professores, modelo didático, conteúdo, regras de comportamento, participação dos pais e atividades culturais, entre outros. Seu acompanhamento atento e vigilante será tão importante para seus filhos quanto para a escola, que esperará de você, pai ou mãe, um papel atuante nessa parceria de formação.

Aliás, é desse papel participativo que as escolas mais sentem falta hoje. O resultado é conhecido: alunos mimados e tiranos, falta de respeito de alunos e de pais com os professores, professores submissos e clientelistas (o importante é agradar ao freguês) e formação decadente de nossos jovens, cada vez menos preparados para a vida.

Se a escola de seu filho não o está orientando quanto a aspectos financeiros e econômicos, alguma vez você já experimentou questionar isso à coordenação pedagógica, ou já propôs à escola alguma atividade relacionada ao tema? Há profissionais muito competentes que desenvolvem conteúdo e palestram sobre finanças pessoais para pais e filhos, outros que desenvolvem a inserção de exemplos cotidianos nos currículos educacionais, mas a demanda por tais profissionais ainda é reduzida e restrita a um número pouco expressivo de escolas. É provável que entre o próprio grupo de pais de alunos da escola existam profissionais atuantes na área financeira dispostos a compartilhar conhecimentos sobre as armadilhas e oportunidades do sistema financeiro para o bolso das famílias. Talvez seja o caso de mobilizar-se e de mobilizar outros pais de alunos a fim de que todos cooperem nessa importante tarefa para a educação dos filhos.

À primeira vista, tal sugestão pode parecer uma incômoda interferência na já complexa gestão de uma escola. Mas tenha certeza de que, diferentemente da crítica de arquibancada que se observa normalmente, a mobilização organizada, participativa e construtiva dos pais é muito bem-vinda.

Quando o dinheiro surge na vida dos filhos

Os pais não devem esperar que seus filhos cheguem a determinada idade para iniciar sua educação financeira. Devem começar quanto antes, desde as primeiras atividades sociais da criança. "É de pequenino que se torce o pepino", diz o ditado.

Cássia D'Aquino Filocre, especialista em educação infantil, costuma dizer que a educação financeira começa no ventre, durante a gestação. Segundo ela, uma mãe que tem hora certa para as refeições, para o banho e para dormir desenvolverá na criança em seu útero um forte senso de rotina e disciplina. Isso fará com que aumente bastante a probabilidade de essa criança manter-se disciplinada após nascer, durante o crescimento e também na vida adulta. Disciplina e organização são elementos essenciais para uma boa administração das finanças pessoais.

Quando pequenas, ainda na fase em que começam a se comunicar, as crianças não entendem perfeitamente o ato de consumo. Elas simplesmente querem algo e sabem que conseguirão o que querem de seus pais. É a fase do EU QUERO!, que vai de 1 a 2 anos de idade. Até então, dinheiro não traz felicidade, pelo menos na percepção dos pequenos. A felicidade está essencialmente na proximidade dos pais, responsáveis pela realização de desejos.

Durante seu desenvolvimento mental, as crianças estão sempre atentas às novidades, incluindo as primeiras interações dos pais com estranhos. Com o tempo, começam a perceber que a satisfação de suas necessidades não depende exatamente dos pais, e sim de que eles adquiram de outras pessoas o que elas querem. É quando começam a entender o ato de comprar. Nessa fase, identificada pela grande atenção que elas dão à interação dos pais com vendedores, pais desatentos podem perder uma grande oportunidade de abrir as portas para o mundo da educação financeira. Se não deixarem claro que a compra é uma troca, nitidamente identificada pela entrega de dinheiro, as crianças entenderão que a satisfação de suas necessidades depende apenas da boa vontade de seus pais em encontrar um vendedor.

Valorize o dinheiro, faça a criança entender que ali está sendo usada boa parte do resultado de seu trabalho. Ao fazer compras com seus filhos, atente para enfatizar o processo de compra, incluindo o orçamento, a pesquisa, a negociação e quanto de valor é agregado pelo item consumido. No momento em que o pai ou a mãe propõe "Será que temos dinheiro suficiente para comprar?", a mente da criança está trabalhando para entender a ideia de orçamento.

Os pais podem facilmente notar o início da fase em que as crianças começam a dar real importância ao ato de comprar. É a fase do COMPRA!, dos 2 aos 4 anos de idade, quando tal pedido é incansavelmente repetido ao longo dos dias. Quando essa fase chega, deve-se atentar para não banalizar o ato de comprar: não se deve alterar a rotina para adquirir algo supérfluo, por exemplo. A criança deve entender que pequenos mimos devem aguardar a hora certa, como um fim de semana. Apesar da expectativa que essa percepção gera, desenvolve-se também a necessária disciplina para o consumo, da qual muitos adultos carecem.

A fase seguinte é aquela em que as crianças já se sentem confortáveis em interagir sem o auxílio dos pais. Nessa etapa do desenvolvimento, elas sentem-se realizadas quando os pais permitem que entreguem dinheiro ao vendedor ou que façam o pedido ao balconista da padaria. Tais práticas devem ser incentivadas desde cedo, para que não se desenvolvam bloqueios quanto ao ato de comprar. Ao sentir-se independentes, os filhos percebem que a realização de seus sonhos não depende dos pais – e sim do dinheiro deles. É quando eles enfaticamente começam a pedir dinheiro. Por isso, chamo de fase do ME DÁ UM DINHEIRO?, que começa aos 4 ou 5 anos de idade.

Curiosamente, mesmo que não saibam exatamente o que fazer com o dinheiro, as crianças passam a desejá-lo a partir de certa idade, e essa idade dependerá do grau de liberdade que lhes é dado. Dificilmente passará dos 6 anos. A partir de então, o dinheiro adquire uma aura de poder na vida da criança. Conseguir dinheiro, independentemente da quantia, passa a significar a aquisição do poder de realizar sonhos. Presentear os filhos com um cofrinho, nessa época, costumava ser tão oportuno e excitante quanto presenteá-los com um álbum de figurinhas. As crianças entretinham-se intensamente com a emoção de enchê-lo um pouquinho a cada dia. Melhor ainda se fosse transparente – um pote de vidro, por exemplo. Esgotar a capacidade de um cofrinho era, até pouco tempo, uma experiência marcante para a infância dos filhos.

Exemplifiquei o cofrinho como algo do passado por uma razão ainda pouco percebida por muitos adultos: o dinheiro está deixando de ser usado na forma de moedas e papéis. Com pagamentos acontecendo cada vez mais através de aplicativos e cada vez menos com o uso de papel-moeda e de cartões de plástico, educar crianças a manusear esses meios de pagamento terá, em breve, tanta utilidade quanto aprender a datilografar – sim, até um texto como este que você lê já pode ser produzido sem o auxílio de teclados. Eu poderia perfeitamente ditar minhas ideias a um aplicativo conversor de áudio em texto.

No lugar do cofrinho, contas digitais de pagamento têm servido como instrumentos tanto de pagamento quanto de experiências educativas. A combinação de contas digitais com aplicativos práticos e divertidos de organização pessoal pode ser útil para ajudar mesmo os mais jovens a organizarem pequenos orçamentos, pequenos planos e rendimentos de aplicações.

Certamente inúmeros aplicativos devem surgir após a escrita deste texto, mas, como referência, recomendo aos pais que baixem o aplicativo Tindin, concebido para administrar, de forma divertida, a mesada das crianças. Em meu curso on-line Inteligência Financeira, desenvolvo com os alunos uma planilha de controle financeiro das mesadas cujo objetivo é estimular os filhos a acumular. Basicamente, é uma planilha que organiza entradas e saídas e que inclui um rendimento fixo (determinado pelos pais) sobre os saldos não utilizados.

Condições para os filhos receberem dinheiro

Enquanto as crianças estão na fase do EU QUERO! ou do COMPRA!, até os 4 ou 5 anos de idade, cabe aos pais decidir se a compra deve ou não ser feita. Essa decisão, como já explicitei, deve levar em consideração pelo menos três dos seis princípios fundamentais:

- **princípio 1 – VALORIZAR:** se o total gasto terá seu valor reconhecido pelos filhos ou se o benefício da compra vai gerar efeitos por tempo suficiente para justificar tal gasto;
- **princípio 2 – CELEBRAR:** se o momento justifica ou não um presente ou uma aquisição, principalmente se esta não estava planejada;
- **princípio 3 – ORÇAR:** se você tem verba em seu orçamento para realizar tal desejo.

Quando chega a fase do ME DÁ UM DINHEIRO?, a reflexão sobre os três princípios acima deixa de ser suficiente. Até então, os pais eram os facilitadores da realização de um desejo. Agora, a expectativa de ter dinheiro nas mãos não significa simplesmente a realização de um desejo específico, mas sim a conquista de um nível de poder que até então as crianças não almejavam ter. Elas querem desejar e poder comprar sem depender dos pais.

É recomendável, a partir de então, adotar alguns ajustes no julgamento da opção de dar ou não dinheiro. A questão não está mais relacionada a presentear ou não, mas sim à oportunidade de desenvolver a independência e a responsabilidade dos filhos. Alguns questionamentos podem ser feitos para obter da criança o porquê da nova necessidade.

Diante de um ME DÁ UM DINHEIRO?, reaja com admiração, e não com desprezo. Questione o pedido. "Para que você quer dinheiro?" é uma pergunta que fará a criança repensar sua necessidade.

> *Experimente trocar os tradicionais "não", "não pode", "não dá" ou "não temos dinheiro" por uma pergunta sobre os motivos de um pedido ou de uma reclamação de seu filho. Ao abrir espaço para uma conversa e se dispor a ouvir um pouquinho, você pode se surpreender com os argumentos de seu filho. Talvez se surpreenda também ao vê-lo desistir do item pedido. Muitas crianças apenas usam desculpas, inconscientemente, para conseguir um pouco mais de atenção.*

Faça a criança entender que os pais têm dinheiro porque trabalham. Na verdade, enfatize que um dos motivos para trabalhar é justamente o de obter dinheiro. O desenvolvimento dessa ideia pode provocar uma longa e interessante conversa, que não deve ser desprezada. Quando a criança demonstra interesse pela vida adulta e pelo mundo, os pais devem estar preparados para estimulá-la a desenvolver sua imaginação e criatividade. Se ouvir dos pais algo como "Isso não é assunto de criança", ela vai buscar outras fontes – nem sempre adequadas – para esclarecer suas dúvidas.

Alguns questionamentos podem ser bastante interessantes e profundos, por isso sugiro atenção ao escolher suas respostas. É comum que as crianças perguntem se podem também trabalhar ou se os pais dariam algum pagamento em troca de um serviço. Jamais associe a satisfação das necessidades de seus filhos a uma recompensa por trabalho. Crianças não trabalham para se sustentar, e não devem pensar em fazê-lo.

Muita atenção! Jamais ofereça remuneração em troca de uma rotina doméstica executada por seus filhos, como lavar a louça, arrumar a cama ou manter seu armário arrumado. Ao fazê-lo, os pais estarão estimulando os filhos a mercantilizar suas obrigações. Quando as crianças executam tais atividades, devem entender que estão simplesmente compartilhando as tarefas de manter o lar e os bens pessoais, auxiliando seus pais, que devem demonstrar com afeto sua gratidão por isso. O ideal é que, uma vez existente o hábito de oferecer mesada ou de pagar regularmente gastos com o lazer dos filhos, os pais lembrem-se de incentivar o esforço dos filhos nos serviços domésticos, oferecendo prêmios eventuais por atividades não esperadas das crianças. Por exemplo, se o pai deixa de mandar lavar o carro para que a criança o faça, pode premiá-la por isso, em dinheiro. Divida com seu filho a economia feita, pagando a ele metade do que pagaria pelo serviço de um profissional. Da mesma forma, sugiro a prática de restringir parte da mesada como punição ou castigo por mau comportamento, ou quando a criança não honrar promessas de cumprir com suas obrigações individuais.

Cuidado também para não associar o desempenho escolar à remuneração dos filhos. Escola não é atividade profissional! É papel dos pais conscientizar as crianças de que eles, pais, trabalham para garantir a educação dos filhos e a qualidade de vida presente e futura da família. Chegará o momento na vida dos filhos em que, após concluírem seus estudos básicos, eles estarão aptos a trocar seu tempo e seu conhecimento por dinheiro.

Alguns filhos mais espertinhos encontrarão aí uma oportunidade de dispensar a escola, justificando que não têm vontade de trabalhar. Normal para uma criança. Mas isso exigirá uma postura firme dos pais em deixar claro que é justamente esse esforço conjunto de pais e filhos que garantirá aos rebentos a oportunidade de obter boas oportunidades de emprego e, consequentemente, de ganhar dinheiro no futuro. Os mesmos filhos espertinhos questionarão sua real intenção de trabalhar, provavelmente por não admirarem a vida nada interessante que os adultos levam trabalhando.

Faça-os entender que trabalho não é uma imposição, mas sim uma opção para aqueles que estudam. Que muitos se veem obrigados a trabalhar naquilo de que não gostam porque não aproveitaram ou não tiveram a oportunidade de estudar, enquanto aqueles que puderam estudar escolheram fazer aquilo de que gostam. "Mas para fazer o que gosto eu não precisarei de estudos...", dirá aquele filho que sonha em ser jogador de futebol, artista ou piloto de Fórmula 1. É o momento de esclarecer que mesmo um ex-atleta, um dia, precisará trabalhar ou ao menos administrar seu sucesso. Contraponha exemplos daqueles que não souberam administrar sua fortuna a histórias de ex-atletas bem-sucedidos.

Os exemplos são inúmeros, e você deve procurar explorá-los. Os jogadores Leonardo e Raí, após se aposentarem de suas carreiras no futebol, criaram juntos uma fundação sem fins lucrativos para incentivar crianças pobres – sem acesso a estudo de qualidade – a crescer na vida com o futebol e com boa educação. O maior ídolo do automobilismo brasileiro, Ayrton Senna, já era um grande empresário antes mesmo de pensar em se aposentar. O mesmo aconteceu com Ronaldo, maior artilheiro das Copas do Mundo. O nadador Gustavo Borges, maior medalhista olímpico brasileiro, conduziu toda a sua carreira de atleta em paralelo a sua formação como economista, para também se tornar empresário ao se aposentar. Esses são apenas alguns exemplos que certamente inspirarão as escolhas de seus filhos.

O cofrinho saiu de moda, mas ainda é útil

Foi um instrumento financeiro comum na infância daqueles que cresceram nos anos 1970 e 1980. O cofrinho havia desaparecido de nossas vidas por causa da elevada inflação no final dos anos 1980 e no começo dos anos 1990, que fazia com que em poucas semanas as desprezadas moedinhas tivessem valor apenas para colecionadores. Voltou com força nos anos 2000-2010, com a estabilização econômica no Brasil e o avanço da educação financeira, a ponto de simbolizar, na figura do rechonchudo porquinho, muitos dos programas de educação para crianças e adultos.

Independentemente do formato (claro que qualquer um prefere o porquinho) e apesar da significativa queda no uso de dinheiro em forma de moeda e papel, o cofrinho ainda é um interessante instrumento de educação financeira. Faz do hábito de poupar uma diversão, um assunto descontraído entre pais e filhos.

Quando o dinheiro é limitado, como é comum entre crianças e adolescentes, qualquer moeda conta. Enquanto adultos tendem a desprezar pequenos valores, a chance de encher o cofrinho significa para a criança a realização de um sonho. Você que é pai ou mãe pode, com o cofrinho, oferecer aos filhos a primeira oportunidade concreta na vida de sonhar com a realização de conquistas financeiras e de colher os frutos da disciplina cultivada durante alguns meses.

Pessoalmente, gosto de cofrinhos difíceis de serem violados e que precisam ser quebrados quando cheios. Sei que isso significa um custo a mais cada vez que a criança colhe os resultados do esforço, mas reconheça que a cerimônia de quebrar um cofrinho é uma diversão e tanto, que pode proporcionar momentos que dificilmente serão esquecidos na vida adulta. Vale o investimento!

Se os pais souberem dar a devida importância a essa divertida ferramenta didática, ela será verdadeiramente cultuada pelos filhos, estimulará o hábito de contar e organizar recursos e marcará essa fase de aprendizado. O uso do cofrinho valoriza nos jovens a celebração de conquistas e a negociação de intenções com os pais. A forma correta de usá-lo é planejar a celebração de quebrá-lo quando estiver cheio, ótima oportunidade para uma festa em família. Proponha aos filhos um dia para a quebra do cofrinho, como o Dia das Crianças ou a véspera de Natal, para que comprem um presente a mais nesse dia, ou então para que façam um passeio diferente. Valorize com diversão o esforço de poupar, pequeno em comparação ao benefício educacional obtido.

Conheço adultos que tiveram sua infância tão marcada pela prática do cofrinho que fazem questão de mantê-la até hoje. Há alguns anos, ministrando um curso para funcionários de um banco em São Paulo, uma das participantes contou orgulhosa sobre o "cofrinho" que ela costuma manter com o marido. Segundo ela, desde que se casaram eles mantêm em casa um garrafão onde são depositadas, quase diariamente, as moedinhas que sobram no bolso. No início de cada ano, eles viram o garrafão sobre a mesa e, somente com o dinheiro disponível, fazem uma viagem a dois. O hábito resultou, no primeiro ano de casados, numa simples viagem de um dia ao litoral. Mas eles gostaram tanto da diversão que passaram a preferir trocos em moedas para incrementar o enchimento do garrafão. No último ano, haviam feito uma viagem de três dias com hospedagem em hotel e refeições incluídas!

Se mesmo adultos que têm acesso a bons serviços bancários maravilham-se com a diversão que um cofrinho traz, imagine o bem que ele fará à vida de seus filhos!

Mesada: o melhor instrumento?

Dinheiro é uma ferramenta que pode contribuir bastante para o desenvolvimento do caráter e das habilidades necessárias à vida. As práticas da mesada ou da semanada são, portanto, boas ferramentas de educação financeira, mas não são as únicas nem devem ser entendidas como essenciais para a boa formação dos filhos. Não há uma opinião definitiva entre especialistas do comportamento sobre a prática da mesada ser ou não um diferencial positivo na educação financeira. Dos adultos que conheço e que lidam adequadamente com suas finanças, há tanto aqueles que cresceram sem nunca receber mesada quanto os que tiveram sua infância marcada pela disciplina no uso do próprio dinheiro. Uma prática, isoladamente, não transformará o raciocínio de seus filhos.

Recusar-se a dar mesada não fará de você um mau pai ou uma má mãe, desde que você inclua os filhos nas atividades de orçamento da família e entenda os benefícios e as lições obtidos do uso cotidiano do dinheiro. De qualquer forma, adotar a mesada pode simplificar a abordagem dos pais quanto ao dinheiro, pois será uma motivação prática para discutir com seus filhos os seis princípios fundamentais.

Muitas crianças não sentem necessidade de administrar o próprio dinheiro e preferem a flexibilidade de pedir quando precisam. Essa preferência somente deixa de ser ideal quando chega a adolescência, época em que os filhos já não querem prestar contas a seus pais de tudo o que gastam e como gastam. Pela própria formação da personalidade das crianças, algumas tenderão a ser menos cuidadosas que outras.

É justamente para os casos em que o trato com o dinheiro parece estar fora de controle ou sem noção de limites que se recomenda a prática da mesada, mesmo que o assunto tenha de partir dos próprios pais. É uma exceção à regra, pois normalmente a proposta de receber mesada partirá dos filhos, por influência de colegas. Se a prática é comum entre as crianças que convivem com seus filhos, dificilmente você conseguirá demovê-los dessa ideia. Por outro lado, para que a estratégia da mesada funcione, os pais precisam ser organizados, adeptos de rotinas e confiáveis para fazer pagamentos em dia.

O que é a mesada?

A mesada e a semanada não são presentes. São pura e simplesmente ferramentas de educação financeira. Sua adoção deve ser feita com critérios, após razoável reflexão dos pais e negociação com os filhos. Se o assunto surgir repentinamente a pedido das crianças, evite tomar qualquer decisão sem antes pedir tempo para pensar no assunto e conversar a sós com seu companheiro.

A criança deve entender que o direito de decidir sobre o dinheiro é um ato de responsabilidade importante e merecido, ao qual ela fará jus se demonstrar um grau de amadurecimento compatível com tal responsabilidade. Qualquer outra interpretação é equivocada, devendo ser descartada pelos pais para não desvirtuar a ferramenta.

Em caso de dúvida quando surgir qualquer questão relacionada à mesada, reflita sobre como aconteceria com seu salário se a mesma situação surgisse no cotidiano dos adultos. Quando você sentar para discutir com seu companheiro ou com seus filhos sobre a mesada, tenha em mente que:

- **Querer é diferente de precisar** – não se deve praticar a mesada simplesmente porque a criança quer ter dinheiro. Caso ela demonstre vontade, devemos iniciar uma conversa para ambos os lados entenderem como esse dinheiro será utilizado. Muitas vezes, a criança não demonstrará tal vontade, mas o fato de tomar decisões de consumo sozinha é uma oportunidade de aprendizado e, portanto, pais podem provocar a conversa sobre o assunto. Solicitações frequentes e sem controle de dinheiro são um sinal de que faltam limites e que, portanto, a mesada passou a ser uma necessidade.
- **A mesada não deve ser interpretada como recompensa por serviços prestados** – um dos maiores valores da família é justamente o vínculo mútuo totalmente destituído de interesses materiais. O amor em família é puro, ou deveria ser. Amamos nossos pais simplesmente porque eles são nossos pais, tendo transformado sua vida para cuidar de nós. Associar o direito a uma recompensa financeira às responsabilidades domésticas e ao bom comportamento significa profissionalizar ou mercantilizar o amor familiar. Isso terá como provável consequência o enfraquecimento dos laços familiares e do afeto mútuo.

- **A mesada não deve ser usada como instrumento de chantagem por parte dos pais** – não se deve condicionar o recebimento ou não da mesada ao atendimento de expectativas dos pais, como não tatuar o corpo, não sair com determinado grupo de pessoas ou passar a frequentar determinado curso. Em vez de educar seus filhos, você os estaria comprando, e isso pode resultar, futuramente, em profunda revolta dos filhos em relação à mesada. Outro resultado indesejado pode ser a busca dos filhos por uma fonte de renda, mesmo que através de serviços menos qualificados, simplesmente para "provar" aos pais que podem viver sem depender de suas chantagens.
- **A mesada não deve ser interpretada como prêmio por boa educação** – condicionar ao comportamento desejado o recebimento da mesada é outra forma de chantagear os filhos. Ela deve ser aprovada pelos pais se eles entendem que seus filhos já estão maduros para administrá-la – e isso não tem a ver com bom ou mau comportamento. Se os pais desejam expressar seu reconhecimento pelo bom comportamento, podem oferecer algo como bônus: uma mesada adicional ao fim de um ano em que os filhos demonstraram amadurecer suas atitudes além do que era esperado deles.
- **Mesada não é presente nem caridade dos pais** – mais uma vez, enfatizo o papel da mesada como reconhecimento do grau de responsabilidade dos filhos. Dar mesada significa transferir aos filhos uma responsabilidade que era dos pais. Se os pais consideram isso um presente, é um presente de grego. Uma vez que a mesada é a incorporação de um novo ato na rotina dos filhos – o ato de responsabilidade sobre o dinheiro –, tratá-la como um presente seria o mesmo que menosprezar o princípio 2, segundo o qual celebrações servem para quebrar a rotina. Não confunda essa orientação com a ideia de presentear em dinheiro: se seu filho sonha em adquirir um videogame e está juntando dinheiro para isso, você pode ajudá-lo a encurtar o caminho com um

presente monetário. Mas não faça dessa opção uma rotina, para o bem de seus filhos e para valorizar o significado dos presentes.

- **A mesada não deve ser imposta aos filhos** – tenha consciência do impacto que o poder de administrar o próprio dinheiro tem na vida de seus filhos. Aguarde o momento certo de eles conferirem o devido valor a esse poder. Se a demanda não surgir das crianças, não deve ser imposta pelos pais, como se fosse uma obrigação. Pais que percebem certa falta de controle dos filhos em relação ao consumo e ao uso de celulares, por exemplo, podem *sugerir* a eles a possibilidade de administrar sua própria verba para os itens pessoais. É improvável que filhos com tendência a consumir rejeitem tal proposta; o normal é que a recebam com gratidão.

- **O valor da mesada deve ser negociado, e não definido pelos pais** – uma vez que os pais estão concedendo um grau maior de responsabilidade aos filhos, nada melhor do que aproveitar a oportunidade para conhecer as expectativas destes sobre necessidades pessoais e consumo. Se os pais decidirem impor certo valor para a mesada, estarão subjugando a capacidade dos jovens de determinar qual nível de gastos é razoável para uma convivência social mínima desejada. Mesada boa é mesada justa: conheço pais que dão R$ 3 mil de mesada para o filho. Provavelmente esse filho não desejará trabalhar nunca, pois será difícil ganhar mais do que a mesada no início da carreira. Mesmo assim, ele dificilmente dará valor ao dinheiro que vem tão facilmente. Ouça seu filho antes de propor a mesada, negocie com ele. Provavelmente você vai se surpreender!

Mesada ou semanada?

A rotina simplificada das crianças, feita de compromissos mais previsíveis e menos preocupantes que os dos adultos, faz com que a percepção da passagem do tempo seja mais lenta que a de seus pais. Li uma vez, pichado na parede de um banheiro público, que a vida é como um rolo de papel higiênico: quanto mais perto do fim, mais rapidamente se vai – infelizmente o filósofo preferiu manter-se anônimo ou não citar sua fonte. É por essa razão que as crianças se mostram muito ansiosas ao esperar por uma ida ao parque no fim de semana ou pelo fim das aulas. O mesmo tempo que passa voando na percepção dos pais demora uma eternidade na dos pequenos.

Em razão dessa diferença de ritmo biológico, a prática da semanada – pagamentos semanais em vez de mensais, como sugere o termo *mesada* – é recomendada para filhos mais jovens, por ser mais eficiente em termos de expectativas. Quando as crianças são menores, seus compromissos são tipicamente semanais: o lanche na escola, a compra das figurinhas, a visita à *lan house* ou ao cybercafé, a frequência de compra de pequenas bijuterias e a moedinha da semana no cofrinho. Conceder um pagamento mensal e fazê-los administrar uma rotina que se repete a cada semana dificultará suas escolhas e tenderá a criar frustrações. Enquanto não amadurecem, estarão muito mais propensos a gastar por impulso logo que receberem, conduzindo à falta de dinheiro nas semanas seguintes.

Essa orientação vale não somente para os filhos, mas também para os pais. Se você faz um controle mensal de gastos (deveria fazer!) e mesmo assim fecha o mês no vermelho, deveria começar a fazer seu controle quinzenalmente. Se não der certo, aumente a frequência para semanal, até adquirir maior disciplina com o dinheiro.

A mesada passa a ser recomendada quando a frequência dos compromissos diminui e quando eles começam a ficar mais pesados. Pais que praticam a semanada devem propor a concentração do pagamento a cada 15 ou 30 dias quando os filhos começam, por exemplo, a marcar baladas a cada 15 dias, quando começam a querer comprar suas próprias roupas (não farão isso todas as semanas) ou quando começam a encher o tanque do carro, pagar sua academia ou seu curso.

Ao longo das páginas deste livro, refiro-me frequentemente à mesada, mas entenda que as ideias referentes a ela aplicam-se igualmente à semanada ou à "quinzenada".

Como negociar a mesada

O valor ideal para a mesada de seus filhos está diretamente associado ao padrão de vida da família. Por isso, não existe uma regra do tipo "crianças de até 6 anos devem receber R$ 5 por semana", ou "aumente 10% da mesada a cada ano". Se seus filhos estiverem matriculados em escolas de classe média alta, os colegas provavelmente terão hábitos de gastos com lanches, moda e diversão compatíveis com o padrão de vida médio do grupo, conforme abordei no capítulo 2. Daí a importância da participação, de todos os pais buscarem decidir, em conjunto, orientações comuns para os filhos.

Impor um valor de mesada abaixo do padrão de consumo dos colegas de seus filhos pode criar a frustrante sensação de exclusão dos hábitos do grupo, e não há nada pior que isso para uma criança ou um adolescente. Uma mesada muito generosa, por sua vez, pode desenvolver um comportamento perdulário e pouco responsável – será fácil, para seu filho, realizar conquistas que são mais árduas para seus colegas.

Por isso, sugiro um valor negociado. Quando seus filhos pedirem uma mesada, ou então quando você sugeri-la a eles, proponha uma conversa mais longa para discutir a ideia. Seja compreensivo e ouça o que eles têm a dizer. De sua parte, esclareça os problemas que podem surgir ao assumir compromissos. "Se você quiser assumir seus gastos, lembre-se que terá menos flexibilidade de escolha." "Quando você me pede dinheiro, eu posso ajudá-lo a avaliar se sua compra é boa para você ou não, mas, com a mesada, você terá que decidir sozinho; está preparado para isso?"

Outro motivo para a mesada não ser generosa é a necessidade de desenvolver o princípio 3 (ORÇAR). Façam juntos uma estimativa da quantia adequada, deixando claro para seus filhos que sua fonte de renda é limitada e, por isso, você não pode dar um valor qualquer nas mãos deles. Eles precisam saber que terão uma limitação parecida com a que você tem, e administrar isso será a parte deles no acordo.

O exemplo a seguir explica melhor o que quero dizer. Peça a seus filhos que descrevam como gastariam a mesada. Após a tarefa, suponhamos que seu filho tenha feito a seguinte lista de seus possíveis gastos semanais:

- Cinco lanches de R$ 8,00 na escola (1 por dia de aula)	= R$ 40,00
- Um doce na cantina da escola, às sextas-feiras	= R$ 3,00
- Cinco envelopes de figurinhas por semana (R$ 2,00 cada)	= R$ 10,00
TOTAL POR SEMANA	= R$ 53,00

Pela proposta de seu filho, a semanada seria de R$ 53 ou um total de R$ 212 para um mês de quatro semanas. Na negociação, proponho limitar parte das expectativas e incluir itens esquecidos pela criança. Ela inclui gastos com figurinhas, mas esquece que, para comprar outro álbum futuramente, terá de poupar. Ainda que você decida presenteá-la com um álbum depois, é melhor ela pensar que terá de comprá-lo. É importante, também, incluir uma verba para realizar sonhos maiores, incentivando seu filho a poupar parte da mesada num cofrinho. Não se esqueça de ter sempre uma opção a oferecer em troca de uma necessidade de seu filho; se ele não julgasse determinado item necessário, não o incluiria na difícil e nova tarefa de negociar com os pais.

As perguntas seguintes são algumas das que podem fazer parte da negociação de uma semanada, para enquadrar a verba dentro da limitação financeira da família:

"Os R$ 8 por lanche incluem um refrigerante por dia, o que é ruim para sua saúde. O que você acha de levar um suquinho de casa e gastar apenas R$ 5 por lanche?"

"Se você faz questão do refrigerante, que tal incluí-lo em apenas dois dias por semana?"

"Um total de R$ 53 por semana é muito dinheiro (uma criança concordará com isso). Que tal comprar apenas três lanches por semana na escola e levar os outros dois de casa, para poder garantir suas figurinhas?"

"O que você acha de levar lanche de casa pelo menos um dia por semana, às segundas-feiras?"

"Que tal levar seu doce de casa, já que você pode escolhê-lo no supermercado?"

"Que tal tentar incluir uma verba para poupar no cofrinho para que, nas férias, você possa comprar algo interessante?"

"Você concordaria em comprar apenas quatro envelopes de figurinha por semana, para fecharmos um valor que eu consiga lhe dar?"

Durante a negociação, você notará quais itens do orçamento são mais importantes para seu filho. Talvez ele bata o pé para não abrir mão de comprar um envelope de figurinhas por dia, principalmente se esse for um hábito consolidado entre os colegas. Pode ser mais fácil demovê-lo da ideia de comprar o lanche na escola – uma vez que ele tem a *opção* de levá-lo de casa – do que eliminar um importante item de conversa nas rodinhas de amigos. É ótimo que ele valorize o convívio social.

Feita a negociação, um orçamento como o seguinte poderia ser proposto a seu filho.

- Dois lanches de R$ 8,00 na escola	=	R$ 16,00
- Dois lanches de R$ 5,00 na escola	=	R$ 10,00
- Verba para o cofrinho, para gastar no que tiver vontade	=	R$ 5,00
- Cinco envelopes de figurinhas por semana	=	R$ 10,00
TOTAL POR SEMANA	=	R$ 41,00

Perceba que, na nova proposta, você está oferecendo a seu filho R$ 15 semanais ao livre-arbítrio dele. A alimentação é uma necessidade, por isso a verba a ela destinada dificilmente deixará de ser consumida. Mas os gastos com lazer podem ser dosados. Com o tempo, seu filho pode perceber o poder de realizar sonhos que um cofrinho tem e optar por diminuir a frequência de compra das figurinhas. As crianças mais empreendedoras tenderão a treinar horas e horas para, por exemplo, ganhar mais figurinhas no jogo de bafo em vez de ter de gastar para consegui-las.

Mesada maior, mais responsabilidade – e vice-versa

Pais tendem a ver seus filhos sempre como crianças, o que é um problema quando essas "crianças" não querem mais se sentir como tal. À medida que seus filhos crescerem, as necessidades de uso do dinheiro crescerão também, mas provavelmente num ritmo maior do que você desejaria.

A conversa para negociar a mesada, que propus no item anterior, deve ser repetida de tempos em tempos, talvez no início de cada ano letivo. É nesse período que os filhos conhecem novas modas, escolhem novas rotinas e reconhecem os novos hábitos sociais do grupo.

Bugigangas da moda, como celulares e videogames, trarão gastos adicionais e recorrentes: conta telefônica, assinatura de serviços, downloads, jogos etc. Seus filhos provavelmente desejarão tanto adquirir as novas bugigangas quanto mantê-las atualizadas. Prato cheio para deixar os pais malucos. Com o aumento de gastos semanais, a negociação da mesada deve preferencialmente incluir os custos de manutenção desses caprichos, deixando a cargo dos filhos a escolha de suas prioridades.

Nenhum valor é elevado para a mesada, desde que os pais cuidem de negociar adequadamente com os filhos e de fazer um acompanhamento regular desses gastos. Se os filhos já adolescentes querem assumir gastos maiores com baladas, viagens e roupas, devem ter consciência de que tais gastos ficam praticamente inviáveis nos meses em que acontecem seus outros gastos prioritários – como matrícula na escola, compra de livros e outros materiais escolares. Por que não oferecer, a filhos que entram na faculdade, a oportunidade de administrar todos esses gastos, propondo uma mesada suficiente para pagar a escola e os materiais e, nos meses sem esses últimos, também o lazer? Essa postura não só ajuda a desenvolver a maturidade dos jovens como também começa a construir um histórico de relacionamento bancário mais sólido para os que optam por abrir conta em banco – uma atitude muito recomendável.

Lembre-se de que, na adolescência, os filhos buscam romper aquela aura de infantilidade associada à mesada e ao comportamento paternalista. Esteja preparado para provar que também deseja essa independência e maturidade, e enfatizar que a mesada representa justamente isso. A grande dificuldade da adolescência é que ela não acontece de uma vez; seus filhos desejarão sentir-se adultos, mas sofrerão com a exposição de sua fragilidade causada pela natural diminuição da proteção oferecida pelos pais. Eles sonham com isso, mas às vezes desejam voltar a sentir-se como crianças protegidas. As palavras de ordem para os pais, nessa fase, são: disciplina, companheirismo e incentivo.

A fase da faculdade é especialmente crítica, pois os filhos ainda dependem dos pais (pelo menos da aprovação deles para novas experiências), mas já começam a sonhar com caminhos mais ousados para sua vida e para seu apertado orçamento. São tentados a fazer cursos de idiomas e de especialização e a fazer programas de intercâmbio no exterior. Sonham também em ter mais independência de locomoção, ou seja, querem definitivamente ter um carro ou, ao menos, uma verba generosa para alugá-lo.

Tudo isso deve ser incluído na mesada? Talvez não seja boa ideia. Em nossa cultura, espera-se que os pais se esforcem para garantir a formação dos filhos. A mesada significa simplesmente a transferência das decisões sobre essa obrigação para os jovens. Itens como cursos extras e viagens são importantes complementos à formação que, se o orçamento da família permitir, podem ser oferecidos como presentes e bonificações pelo esforço dos filhos acima do que seria esperado deles. Sugiro, entretanto, que tais benefícios sejam propostos pelos pais como metas a serem alcançadas com o próprio esforço pessoal, por meio da acumulação de uma poupança, por exemplo.

Chegará a hora em que seus filhos começarão a trabalhar ou a fazer estágio em empresas, passando a receber de fora da família sua primeira renda estável e independente. Esse momento será o ideal para substituir gradualmente a mesada pela própria renda dos filhos. A conta a fazer é simples: quando a renda obtida do trabalho for superior à da mesada, esta deve deixar de existir. Enquanto isso não acontecer, uma deve complementar a outra, com a mesada diminuindo na mesma proporção em que aumenta a renda vinda do trabalho.

Empréstimos e investimentos

Muitos dos adultos que sabem usar os serviços bancários de maneira responsável aprenderam a fazê-lo depois de cometer erros graves e perder boa parte de seus recursos para os bancos. Um exemplo comum é a compra da casa própria através de um financiamento de 20 ou 30 anos. A sensação de quitar o plano é maravilhosa, mas invariavelmente traz a constatação de que o mutuário pagou muito mais do que a casa valia. É muito comum, em meu trabalho como consultor, atender pessoas que decidiram dar um basta em suas dívidas e virar a mesa para começar a construir riqueza. Até tomarem tal atitude, muitos já entregaram aos bancos um patrimônio superior ao que consta na sua Declaração de Imposto de Renda.

Para evitar que seus filhos passem também por experiência tão desgastante quanto desnecessária, é possível criar desde cedo motivações para que rejeitem os juros dos empréstimos e busquem os juros dos investimentos. Basta que você:

1. permita a seus filhos lidar com dinheiro;
2. dê motivos suficientes para que eles rejeitem a possibilidade de pedir dinheiro emprestado;
3. incentive-os a entender que juros recompensam os poupadores (princípio 4).

A prática da mesada atende ao quesito 1 mostrado acima. As duas outras orientações podem ser tiradas de lições que se baseiam exatamente nos procedimentos contratados junto aos bancos quando você investe ou toma dinheiro emprestado. Se seus filhos quiserem algo que não podem comprar, podem recorrer a uma ajuda, mas devem pagar por isso. Se seus filhos abrirem mão de usar um dinheiro que têm para emprestá-lo a quem faça bom uso dele (ou seja, se investirem num "banco"), deverão ser recompensados por tamanha força de vontade.

A ideia de contar com recursos emprestados normalmente surge diante de uma grande e impulsiva vontade de consumo. Suponhamos que seu filho queira muito que você compre determinado brinquedo que ele acaba de ver na vitrine de uma loja. Ele já havia expressado seu profundo desejo pelo tal brinquedo em casa, ao vê-lo num comercial na televisão. Agora, diante da oportunidade de obtê-lo, não há santo no mundo que convença a criança a deixar o shopping sem aquele que ela promete ser o maior sonho de consumo de toda a sua vida. Não faltarão motivos: todos na escola têm, é muito mais legal que todos os outros brinquedos juntos e, se tiver que esperar até o Dia das Crianças, ela será a única de toda a turma sem o tal brinquedo. É o que acontece com álbuns de figurinhas, tênis da moda e tudo o que tem a estampa do personagem do canal favorito no YouTube.

Infelizmente, manias como essas surgirão, provavelmente, a cada ano da vida escolar de seus filhos. Inclusive até o fim do ensino médio, quando os brinquedos dos sonhos cedem lugar às maravilhas tecnológicas dos sonhos, com preços inversamente proporcionais a seu tamanho. Não parece justo privar seus filhos de se incluírem nas verdadeiras tribos da moda que se formam nas escolas.

Mas, se você já praticar a mesada entre seus filhos, ela pode ser explorada como referência para a realização antecipada de alguns sonhos. Conforme expliquei no item anterior, é recomendável que a mesada preveja alguma verba para a realização de pequenos sonhos futuros. É dessa verba que seus filhos devem tirar recursos para obter presentes não justificados por alguma celebração ou por merecimento.

Se o desespero pelo "maior sonho da vida" de seus filhos surgir antes de eles conseguirem ter a verba suficiente para realizá-lo, você pode propor um sacrifício financeiro para antecipar a conquista. Proponha, por exemplo, uma forma simplificada de empréstimo: a antecipação de algumas mesadas ou de parte delas em troca de um pequeno desconto no valor total. Não importa a taxa de juros embutida na conta proposta, mas sim que o desconto seja perceptível e incômodo.

Suponhamos que seu filho queira comprar algo que custe R$ 50, tendo em seu cofrinho apenas R$ 20 acumulados, e que vocês tenham um acordo de mesada baseado no exemplo que citei na página 112:

- Dois lanches de R$ 8,00 na escola	= R$ 16,00
- Dois lanches de R$ 5,00 na escola	= R$ 10,00
- Verba para o cofrinho, para gastar no que tiver vontade	= R$ 5,00
- Cinco envelopes de figurinhas por semana	= R$ 10,00
TOTAL POR SEMANA	= R$ 41,00

Falta, para seu filho realizar o sonho, uma verba complementar de R$ 30 a ser antecipada por você. Isso significa que, comprando o item desejado, você antecipará a seu filho o valor equivalente a uma das seguintes alternativas, entre outras:

6 semanas de verba para o cofrinho (6 × R$ 5,00)

ou

3 semanas de verba para figurinhas (3 × R$ 10,00)

ou

2 semanas de verba para o cofrinho e 2 semanas de verba
para figurinhas (2 × R$ 5,00 + 2 x R$ 10,00)

ou

3 semanas do lanche de R$ 5 (3 × R$ 10,00),
que ele terá de levar de casa

ou

2 semanas de lanche de R$ 5 e 2 semanas de verba para o cofrinho
(2 × R$ 10,00 + 2 × R$ 5,00)

Se você simplesmente abater o valor antecipado das mesadas seguintes, não estará criando a incômoda sensação de perda que os juros causam. Pelo contrário, estará incentivando seu filho a antecipar o consumo, pois para ele não haverá diferença entre receber a mesada hoje ou nas semanas seguintes. Por isso, sugiro o desconto, uma espécie de juros, substituindo as alternativas anteriores por algo como o apresentado nas seguintes alternativas:

7 semanas de verba para o cofrinho (R$ 35,00)

ou

3 semanas de verba para figurinhas e 1 semana de verba
para o cofrinho (R$ 35,00)

ou

5 semanas de verba para o cofrinho e 1 semana de verba
para figurinhas (R$ 35,00)

ou
1 semana de lanches, que ele terá de levar de casa,
e 1 semana de verba para figurinhas (R$ 36,00)
ou
1 semana de lanches e 2 semanas de verba
para o cofrinho (R$ 36,00)

Não perca, sob nenhuma hipótese, a oportunidade de praticar a matemática já aprendida na escola, explicando detalhadamente a diferença entre o valor gasto e o que seu filho vai pagar. Ele, sem dúvida, se sentirá incomodado, mas esclareça que isso é exatamente o que o banco faz com seu dinheiro quando você tem de pagar contas que não estavam previstas nos planos da família (inclusive a antecipação de mesada para os filhos). Seu filho ficará insatisfeito e provavelmente reclamará, mas é certo que vai refletir bastante sobre essa lição.

Alguns cuidados devem ser tomados para que a lição seja adequadamente aproveitada. Evite prazos longos, como a sugestão das sete semanas de verba para o cofrinho. Como a percepção do tempo é mais lenta para as crianças, a diluição excessiva em várias parcelas pode fazer com que a "multa" imposta pelos juros passe despercebida. É exatamente o que acontece quando você financia uma casa por 20 anos e não percebe que paga ao banco quase três casas. A taxa de juros também deve ser escolhida com cuidado: não deve ser pequena a ponto de passar despercebida, nem grande demais a ponto de "extorquir" seu filho. O que vale é a lição, e não o preço dela.

Uma vez entendida a lição, ou até mesmo antes que surja a necessidade de praticá-la, recomendo que você aproveite algum momento em que o assunto com seu filho seja "dinheiro" e proponha a ele um plano vantajoso para realizar algum sonho. Se seu filho deseja intensamente algo, mas demonstra paciência para adquiri-lo dali a algumas semanas, você pode incentivá-lo a *investir*. Aproveitando o mesmo exemplo anterior, em que seu filho já tem R$ 20 dos R$ 50 necessários para a compra, proponha a ele, por exemplo, que poupe os R$ 5 semanais por mais quatro semanas, prometendo completar os R$ 10 restantes como prêmio pela disciplina. As ressalvas quanto ao prazo (não demasiadamente longo) e quanto à taxa de juros (sem exageros) também valem para esse exercício.

Nos casos em que o sacrifício pessoal for maior, premie com juros também maiores, o que aumentará o prazer da conquista. Fazendo esse tipo de proposta com alguma frequência, você estará formando desde cedo um verdadeiro investidor, que dificilmente cairá nas armadilhas do crédito fácil.

Orçamento e mesada

As estratégias que aproveitam a prática da mesada para incentivar investimentos e desestimular os financiamentos são práticas e eficientes para reforçar, de uma vez, quatro dos seis princípios fundamentais para a educação financeira de seus filhos. São eles: o princípio 2 (CELEBRAR), o princípio 3 (ORÇAR), o princípio 4 (INVESTIR) e o princípio 5 (NEGOCIAR). Perceba como as oportunidades de ensinamento são ricas mesmo no cotidiano das crianças.

Mas uma das atividades essenciais para a boa organização financeira e o planejamento orçamentário é simplesmente abominada por muitos adultos. Praticar um orçamento é conhecer com razoável precisão os hábitos de gastos pessoais ou familiares e reservar antecipadamente uma verba adequada para a sua manutenção. Quem faz seu controle pessoal em planilhas ou anotações pessoais pode estimar os gastos previstos em cada item para o mês seguinte e analisar se, com aquela projeção, as metas de sobra financeira serão atingidas. Caso contrário, vai cortar alguns gastos para obter sucesso em suas metas.

Parece simples, mas é o tipo de atividade que, se não for praticada desde cedo, dificilmente será incorporada. Toma tempo, não diverte e exige uma racionalização incômoda da vida. Só é fácil racionalizar e agir com disciplina quando isso é parte consolidada da rotina. Quem nunca arrumou a cama ao se levantar será extremamente dependente de uma empregada doméstica em casa. Quem sempre se alimentou com comidas semiprontas ou em restaurantes sofrerá até aprender a preparar o próprio alimento. Da mesma forma, se você não educar seus filhos para controlar seus recursos, eles demorarão mais a aprender na vida adulta.

Tem muita gente que não faz orçamento com a desculpa de que não gosta de planilhas eletrônicas. Não pense em colocar seus filhos diante de uma planilha eletrônica para preencher os campos de gastos mensais. Para eles, computadores e tablets servem para jogar, contatar amigos e fazer pesquisas, atividades bem mais interessantes que controlar gastos. Por isso, sugiro dois mecanismos mais simples para condicioná-los sem maior esforço:

O uso de envelopes – *aposentados, pensionistas e trabalhadores de baixa renda costumam sacar no início do mês todo o dinheiro que recebem. Entre eles, é comum uma das formas mais simples de praticar o orçamento: a separação de contas por envelopes, com nomes das despesas a que se referem. Assim que recebem seu escasso dinheirinho, tratam de dividir em vários envelopes as verbas já comprometidas: envelope das contas da casa, do mercado e da feira, das prestações a pagar, do aluguel e dos remédios, entre outros. À medida que o dinheiro se faz necessário, retiram a verba do envelope que tem os fundos para aquela necessidade. Com o passar do mês, os envelopes vão se esvaziando e a própria percepção da aproximação da dificuldade faz com que eles evitem ou posterguem as compras com menos verbas disponíveis. É exatamente o que se esperaria de quem faz complexos controles em planilhas eletrônicas repletas de fórmulas matemáticas. Uma maneira de conscientizar ou, ao menos, adaptar seus filhos para o uso administrado do dinheiro é entregar a mesada em dinheiro, dividida em envelopes com etiquetas descrevendo o destino de cada verba: envelope do lanche, envelope das figurinhas, envelope do download de música, envelope da poupança mensal etc. Tal prática é especialmente recomendada quando a mesada é de fato mensal. Contudo, um aspecto* *negativo do uso de envelopes é a passividade da disciplina: seus filhos podem ficar dependentes de alguém que lhes organize as contas todos os meses. Para evitar esse problema, faça do pagamento da mesada uma espécie de ritual: sente-se à mesa com seus filhos e oriente-os a dividir eles próprios sua mesada entre os gastos que serão priorizados na semana ou no mês que se inicia.*

A prestação de contas – *outra forma de obter de seus filhos um controle pessoal de gastos é exigir deles uma prestação regular de contas. Como é comum que amigos falem muito comigo sobre dinheiro, uma amiga contou-me há algum tempo que acreditava que sua forte disciplina em relação ao dinheiro devia-se a uma exigência feita por seu pai durante toda a sua adolescência. A pedido dela, ele aceitara pagar uma mesada regular, mas exigira apenas uma condição: que, a cada mês, ela lhe entregasse uma relação de como havia gastado o dinheiro. Segundo minha amiga, todos os meses ela fazia sua lista com um bocado de má vontade e alguma mentirinha de vez em quando – perfeitamente normal para uma adolescente. O pai não questionava a qualidade dos gastos, como, por exemplo, se ela devia ou não comprar um kit de maquiagem. Mas fazia questão de destacar se algum item frequente, como alimentação fora de casa, havia saído da média naquele mês. O tal controle foi motivo de certo mau humor em situações eventuais, principalmente ao começar a namorar. Mas, com o tempo, ela incorporou o controle a sua rotina de tal maneira que, quando se deu conta, há tempos ela já trabalhava e não dependia mais de recursos de seu pai, mas ainda mantinha o mesmo hábito de anotar todos os gastos.*

Ferramentas dos bancos e outras instituições

A educação financeira, felizmente cada vez mais comum nas escolas, deve ser entendida como uma obrigação moral dos pais com seus filhos. Mas isso não significa que a missão de educar um jovem para as finanças deve recair totalmente sobre as costas de pais e mães ou ser confiada aos professores. Mesmo fora da escola, há instituições movendo-se para cativar famílias que aprenderam a ver seu futuro com maior preocupação e perceberam no dinheiro boa parte da solução.

No mercado financeiro, os bancos, até poucos anos atrás rotulados pela mídia de vilões da economia, correm na contramão dessas opiniões oferecendo uma avalanche de informações e boas ferramentas de educação financeira. Não é caridade. É a oportunidade de um mercado em transformação, em que consumidores sedentos por serviços de maior qualidade estão analisando suas alternativas. Grandes bancos estão investindo milhões na adequação de seus serviços, de seus profissionais e de suas cartilhas informativas visando disputar a preferência dos clientes de um mercado muito rentável e importante para a sociedade. Correm contra o tempo e a rápida expansão de serviços alternativos e também de boas ferramentas educacionais e de controle, como bancos digitais, aplicativos de pagamentos e corretoras de valores. Finalmente a classe média brasileira descobriu que, enquanto trabalha para enriquecer seus patrões, pode contar com diversos serviços financeiros para multiplicar suas economias, usando-os a seu favor.

Na disputa dos bancos e fintechs[1] pelos primeiros lugares do mercado, quem ganha são os clientes, com serviços cada vez mais diferenciados, inovadores, eficientes e simples. E um dos segmentos que os bancos estão procurando atender com mais qualidade é o de crianças e jovens. Faz todo o sentido. Se um jovem tiver conta aberta em determinado banco desde criança, já terá certo vínculo afetivo e poucos motivos para buscar outra instituição, pois estará habituado a utilizar serviços de menor complexidade. Quando começar a obter sua própria renda e a se preocupar mais com a qualidade dos serviços bancários, terá, na sua percepção, pouco tempo para analisar alternativas de outros bancos e pensar em mudar para outros serviços. Por

---

[1] Fintechs: empresas financeiras baseadas em novas tecnologias, normalmente aplicativos para smartphones.

esse critério de conveniência, cativar jovens significa garantir uma carteira de clientes estável por muitos anos.

É isso que tem feito da oferta de serviços exclusivos para jovens e universitários um filão atraente para essas empresas, trazendo para clientes "não iniciados" alternativas muito interessantes para aprender a fazer bom uso de seu dinheiro. Veja a seguir alguns dos serviços que podem ajudar na tarefa de educar seus filhos.

Conta-corrente e caderneta de poupança

Os bancos só permitem a abertura de conta-corrente e emissão de cheques e cartão de crédito e débito para pessoas com mais de 16 anos de idade, ou seja, responsáveis perante o Código Civil. Mesmo se fosse possível incluir um filho menor como cotitular de uma conta-corrente conjunta, as normas do mercado de crédito não permitem a utilização de instrumentos de crédito (como cheques e cartões) por pessoas que não tenham atingido a maioridade legal. Antes dessa idade, a única forma de fazer o dinheiro dos filhos transitar oficialmente pelos bancos é por meio das cadernetas de poupança ou através de contas de cotitularidade que exigem que as decisões partam do maior responsável.

A abertura de uma caderneta de poupança é simples, pode ser feita em nome de qualquer pessoa, de qualquer idade e sem nenhuma exigência de renda mínima. Um de seus benefícios é a isenção de cobrança de tarifa, exigência legal para esse tipo de conta. Por causa disso, alguns bancos não abrem cadernetas de poupança para clientes que ainda não mantenham conta-corrente na instituição. Mas há bancos que nem sequer exigem um valor de investimento mínimo a ser feito na abertura de uma poupança.

Os maiores bancos oferecem algumas conveniências bastante interessantes para usuários da poupança. Uma delas é a possibilidade de saque por cartão de débito, o que faz dessa uma alternativa atraente para o pagamento de mesada. Os pais podem depositar um valor predeterminado na poupança dos filhos e, se parte do valor não for utilizada ao chegar a data de "aniversário", os rendimentos típicos da poupança[2] serão somados ao saldo remanescente. Em alguns bancos, as contas dos filhos podem ser vinculadas às dos pais, permitindo inclusive que tal transferência seja feita mensal e automaticamente após solicitação ao gerente. A principal desvantagem está na baixa rentabilidade da poupança, que perde para produtos tão ou mais seguros quanto ela, como fundos de renda fixa e CDBs de grandes bancos. Porém esses produtos só são acessíveis através de contas-correntes tarifadas.

A melhor forma de aproveitar todas as funcionalidades de uma conta de poupança e fazer de seu uso um instrumento de educação financeira é criar a rotina de discutir com os filhos o extrato mensal da poupança. Se o banco não emiti-lo automaticamente – não é obrigatório, pois para a manutenção desse tipo de conta não é cobrada nenhuma taxa –, obtenha-o pela internet ou em caixas eletrônicos. Faça da entrega da mesada (juntamente com o extrato da poupança) uma espécie de evento, em que os filhos prestem contas de seus gastos, discutam a rentabilidade e os ganhos da poupança com os pais e então recebam a mesada para o mês seguinte. Tamanha formalidade é trabalhosa, mas será perfeitamente assimilável pelos filhos se a discussão sobre dinheiro também fizer parte da rotina mensal dos pais.

Fundos de investimento e clubes de investimento

Como crianças não podem possuir conta-corrente em bancos, estão indiretamente impedidas de usar fundos de investimento – indisponíveis nas contas de poupança – e de abrir conta em corretoras de valores.[3] Isso só é possível através de contas conjuntas movimentadas exclusivamente pelos pais ou responsáveis.

Para evitar pagar a tarifa de uma conta-corrente adicional, muitos

---

[2] Taxa referencial (TR) + 0,5% ao mês, ou TR + 70% da Taxa Selic, quando esta for igual ou inferior a 8,5% ao ano.
[3] É por meio de corretoras de valores que se pode comprar ações, títulos públicos, *commodities* (grãos, ouro, energia, gado etc.) e títulos privados, individualmente ou por meio de clubes de investimento.

pais têm como hábito programar o resgate regular de certo valor de sua conta-corrente para um fundo específico, em seu nome, porém selecionado especificamente para formar uma reserva destinada aos filhos. Alguns bancos oferecem diferentes fundos multimercado com políticas de investimento baseadas em estratégias adequadas a diferentes perfis, normalmente denominados conservador, moderado ou arrojado. Mesmo os mais conservadores tendem a ter alguma participação residual em renda variável (ações), para assegurar uma rentabilidade diferenciada no longo prazo. É, sem dúvida, uma maneira interessante de formar uma garantia para o futuro de seus filhos, mas restringe aos pais todo o conhecimento adquirido sobre o investimento, pelo fato de fazer parte da conta pessoal deles. O único fator que vincula tal investimento aos filhos é a intenção dos pais.

No entanto, muitas corretoras de valores já perceberam a grande preocupação da classe média com o futuro financeiro das crianças, antecipando-se aos bancos ao oferecer produtos de investimento que atendam aos anseios desses pais.

Há corretoras que oferecem fundos de investimento em ações específicos para crianças. Não são elas que investem, mas sim seus responsáveis maiores de idade. Contratualmente, o responsável compromete-se a transferir suas cotas de participação nos fundos para a criança quando esta atingir a maioridade. A única exigência para as crianças participarem é que já tenham CPF emitido. Funcionam exatamente como os fundos de ações disponíveis em qualquer banco, com o diferencial de geralmente possuir estratégias mais adequadas para ganhos de longo prazo – preferem ganhos consistentes e mais previsíveis a apostas em oportunidades – e, por esse motivo, não admitem investidores que pensem em movimentar seus recursos em prazos mais curtos.

Também já é possível encontrar, em algumas corretoras, clubes de investimento específicos para determinados tipos de cliente, como clubes para idosos, mulheres, médicos, funcionários de uma mesma empresa e, como não podia faltar, também clubes para crianças. Um clube de investimento é uma espécie de condomínio em que um grupo de pessoas se reúne para investir conjuntamente, estruturando uma estratégia de investimentos, principalmente quando essa estratégia seria inviável com um volume pequeno de recursos. Por sua natureza, um clube de investimento já é uma alternativa para pessoas que têm afinidades entre si e decidem tomar decisões conjuntamente sobre o futuro de seu dinheiro.

Algumas corretoras de valores[4] viabilizam clubes que, por meio das contas de investimento dos pais, associam ao nome de uma criança as cotas de participação nos investimentos. Na prática, quem está investindo é o pai ou a mãe, vinculando ao CPF do titular da conta as obrigações tributárias e civis, de modo similar aos fundos para crianças. Contudo, um atrativo serviço é oferecido pelo gerenciamento da corretora: o extrato é emitido em nome da criança, assim como os relatórios estratégicos enviados regularmente aos cotistas. As reuniões de cotistas, quando acontecem, permitem que pais e filhos entendam a estratégia de investimentos. Quando as crianças atingem a maioridade, passam a ter direito de usar os recursos, se desejarem.

Como os clubes obrigatoriamente devem investir pelo menos 67% dos recursos em renda variável (normalmente ações), seu uso harmoniza-se com a ambição dos pais de assegurar uma poupança interessante a longo prazo e facilita as escolhas estratégicas da corretora, que pode contar com a estabilidade dos recursos investidos. Investimentos com previsão de uso não inferior a cinco anos, se aplicados com critério (aí entra a estratégia da corretora) em ações, tendem a gerar resultados bem mais robustos do que se aplicados em renda fixa. Além disso, proporcionam a saudável sensação, para os filhos, de que eles são também donos das maiores empresas de seu país. Um bom aperitivo para futuros empreendedores.

---

[4] Veja a relação completa de corretoras de valores no mercado brasileiro no site da BM&FBOVESPA: http://www.bmfbovespa.com.br.

Planos de previdência

É normal que muitos pais e mães tenham dúvidas quanto a sua capacidade de administrar uma estratégia de formação de patrimônio para os filhos ao longo de vários anos. O temor é coerente, pois é preciso traçar metas, acompanhar as informações sobre os investimentos (mesmo que seja apenas para manter-se tranquilo), administrar os efeitos da inflação sobre o planejamento e atentar para as recomendações de analistas, pelo menos.[5] Nenhuma dessas atividades é complexa, e as informações disponibilizadas pelos jornais costumam ser suficientes para o sucesso de um plano de longo prazo.

De qualquer forma, para aqueles que não se sentem confortáveis com a administração pessoal de um plano de investimentos, há o serviço extremamente qualificado dos planos de previdência. A ideia por trás de um plano de previdência é simples, mas alguns mitos e armadilhas tendem a distorcer o entendimento de muitos sobre o serviço.

Planos de previdência, em comparação a outros investimentos disponíveis no mercado, *não* são necessariamente mais seguros, nem mais rentáveis, nem mais previsíveis. Planos de previdência propõem-se principalmente a três objetivos: garantir que você mantenha uma desejada disciplina para alcançar seus objetivos, atualizar suas metas pela inflação a cada ano e auxiliá-lo, no futuro, a decidir a melhor forma de administrar o patrimônio formado.

Como investimento, os planos não trazem vantagens significativas em relação aos investimentos em fundos tradicionais. As empresas que vendem o serviço alardeiam que há um grande benefício fiscal sobre os resultados obtidos, pois quem contribuir por pelo menos 10 anos vai pagar apenas 10% de Imposto de Renda sobre os ganhos (no caso dos VGBLs[6] com tributação regressiva) ou sobre

---

[5] Em meu livro *Dinheiro: os segredos de quem tem*, descrevo um método para administração pessoal de seu próprio plano de aposentadoria.
[6] VGBL = Vida Gerador de Benefícios Livres, tipo de plano recomendado para quem não possui Imposto de Renda retido na fonte e que possa ser restituído.

o patrimônio total (no caso dos PGBLs,[7] também com tributação regressiva).[8] Contudo, praticamente toda essa vantagem desaparece quando se constata que os fundos de previdência em que tais planos investem cobram taxas de administração sensivelmente superiores às dos fundos de renda fixa comuns.

Uma vantagem real dos planos de previdência está na questão sucessória. Em caso de morte do contribuinte do plano, o saldo investido não entra em inventário. Isso significa que os recursos são disponibilizados prontamente, como um seguro, e sem nenhuma tributação além do Imposto de Renda, caso o plano seja feito em nome dos herdeiros.

Todos os planos de previdência são semelhantes, normalmente diferindo nas taxas de administração e de carregamento. Taxa de carregamento é o custo que incorre sobre o valor de cada aplicação, debitado uma única vez do cliente. Os melhores planos do mercado não cobram taxa de carregamento. O que normalmente diferencia um PGBL comum de outro específico para a escola de seus filhos, ou para mulheres, ou então para autônomos, é algum seguro vendido conjuntamente com o produto. É nesse ponto que a opção por um plano de previdência pode assegurar vantagens que não seriam obtidas num investimento programado comum.

Por exemplo, um plano de previdência que objetive viabilizar a faculdade de um jovem normalmente embutirá em seu preço um seguro de vida para garantir que, mesmo que o adulto contribuinte venha a falecer ou ficar inválido durante o plano, a verba para a faculdade seja formada. É mais caro e menos eficiente do que investir num fundo de renda fixa, mas assegura o alcance do objetivo. É um produto extremamente recomendável para pais que não possuem uma reserva financeira confortável para seu futuro e que ainda não

---

[7] PGBL = Plano Gerador de Benefícios Livres, tipo de plano recomendado para assalariados que possuem I.R. retido na fonte e com possibilidade de restituição. A forma mais simples de avaliar qual plano é melhor para você é consultando um corretor de seguros experiente.

[8] A tributação sobre os lucros em fundos de renda fixa é de 15% para investimentos de longo prazo.

fizeram um seguro de vida. Se sua situação é essa, evite postergar decisões sobre o assunto.

Simulações de compra e venda de ações

Uma das melhores formas de aprender a investir em ativos de risco é aceitar correr o risco. O problema é que, ao arriscar sem o devido conhecimento, podemos perder. Quem já montou uma empresa e quebrou tem chances maiores de montar uma nova empresa similar e acertar. Primeiro, porque já sabe quais cuidados tomar para não repetir alguns erros. Segundo, porque, se a pessoa acreditasse não ter condições de administrar os riscos do negócio, não investiria novamente. Saber tirar lições dos erros é um passo importante para acertar mais.

Da mesma forma, acredito que muitos dos meus acertos em investimentos vêm de lições que tirei de algumas perdas no passado, principalmente nos primeiros anos de investimento. Por isso, se você puder oferecer a seus filhos a oportunidade de errar, estará dando uma grande contribuição aos acertos na vida adulta.

Talvez você estranhe essa opinião, principalmente num livro que trata de investimentos. A razão de eu incentivar a oportunidade de erros está na existência de meios de testar nossa capacidade de acertar ou errar sem incorrer necessariamente em riscos para o nosso bolso. Ou, pior, para o bolso de nossos filhos.

Muitos dos jovens investidores que conheço deram seus primeiros passos no mundo dos investimentos sem ter um único centavo, utilizando simuladores de investimentos. Normalmente, eles são disponibilizados em cursos de investimentos em ações, em geral oferecidos por corretoras de valores. À medida que cresce a educação financeira e aumenta o apetite dos brasileiros por oportunos investimentos de risco, a tendência é que esse tipo de ferramenta educacional seja encontrado com maior facilidade.

Simuladores não servem apenas para crianças e jovens inexperientes ou aspirando a carreiras financeiras. Conheci adultos com perfil conservador de investimentos que mantêm, por diversão, o hábito de visitar simuladores regularmente para testar sua capacidade de interpretar as recomendações de investimento de seu banco ou corretora. Conheci também adolescentes que ficavam fascinados com a oportunidade de "jogar" contra adultos ao mesmo tempo que aprendiam algo capaz de fazê-los ganhar muito dinheiro no futuro. Fica minha sugestão: que tal brincar de ficar rico com seus filhos?

Livros, jogos e brincadeiras que ensinam a enriquecer

O que você acha de fazer daquela animada viagem de férias uma oportunidade de educar seus filhos para as finanças? Longe de propor o fim da diversão e da descontração dos momentos escolhidos para o lazer, o que sugiro aqui são algumas alternativas simples para aumentar o grau de consciência sobre o dinheiro na família enquanto as crianças se divertem.

O arsenal de ferramentas da educação financeira é muito mais amplo do que os sérios instrumentos de controle e investimentos oferecidos pelos bancos. Aprender de forma interessante, curiosa ou divertida é uma maneira de desenvolver afinidade com o tema ensinado. E se nossa missão é, entre outras coisas, educar nossos filhos para que enriqueçam, que seja com sorrisos estampados no rosto, e não com sacrifícios e restrições a pequenos prazeres.

Aprendendo pela leitura

O hábito da leitura, independentemente da frequência com que é praticado e dos temas explorados, é um processo educacional em essência. Como os filhos normalmente demandam de seus pais suas leituras preferidas, um meio de fazer da leitura um hábito na vida deles é adquirir os títulos que mais lhes interessam. Infelizmente, o avanço tecnológico está roubando de nossos filhos a atratividade da leitura e fazendo de boa parte do aprendizado uma atividade neurótica.

Não é preciso recorrer a estudos científicos para constatar que passar horas e horas na frente de computadores ou manipulando pequenos aparelhos eletrônicos compromete a saúde física e mental das crianças. Por isso, se seus filhos não demonstram nenhum tipo de interesse pela leitura, experimente dedicar algum tempo por semana a leituras em família ou levá-los a uma biblioteca pública infantojuvenil. Tenho certeza de que, se você ainda não visitou uma biblioteca com eles, vai se surpreender com a reação deles diante da possibilidade de consultar tantos livros diferentes. Se houver resistência ou desinteresse, entre no jogo deles, procure estimular a leitura de livros digitais.

Mesmo as crianças pequenas podem ser facilmente habituadas à leitura, com livros ilustrados, livros digitais interativos e gibis. Saudade dos gibis que parecem já não atrair tanto as crianças? Gibis não possuem mais o antigo apelo e participação na vida delas, devido à forte concorrência com as incontáveis alternativas disponíveis nos jornais, na internet e até mesmo nos livros. Mas séries como a clássica Turma da Mônica – que já incluem abordagens em finanças pessoais – são repletas de ensinamentos criados com o suporte de pedagogos e educadores, o que as leva a contribuir sensivelmente para a formação do caráter das crianças.

Se seus filhos já demonstram interesse pelo hábito da leitura, identificar publicações que contribuam para sua sensibilidade financeira é mera questão de seletividade. Lembre-se que as crianças já são naturalmente atraídas pelo tema *dinheiro*. Como o debate sobre a educação financeira está em franco crescimento em nossa sociedade, não me admirarei se, em breve, nossas livrarias também tiverem uma seção dedicada exclusivamente a finanças pessoais, como acontece nos Estados Unidos. Com essa evolução, não faltarão livros com abordagem interessante também para as crianças.

Prefira títulos que prezem por valores pessoais, familiares e sociais, como fábulas e crônicas. No já citado *O homem que calculava*, por exemplo, a narrativa valoriza a recompensa pela sabedoria. Nas histórias, sempre há um sábio ou um mercador que usa sua astúcia para conseguir algumas moedas de prata ou de ouro a mais. Uma excelente leitura para adolescentes.

No Brasil, o grande aumento do interesse por conhecimentos em finanças pessoais vem multiplicando o número de autores e de títulos. Ao selecionar títulos para seus filhos, esteja atento não somente ao conteúdo da obra, mas também ao currículo e às atividades de seus autores. Os maiores especialistas na área exploram o tema *finanças* em linguagem cuidadosamente elaborada segundo critérios da pedagogia infantil, facilitando bastante o entendimento e a absorção das ideias. Evite livros que são apenas versões infantis de conteúdo produzido originalmente para adultos, pois estes tendem a seguir linhas pouco humanas e excessivamente preocupadas com o dinheiro.

Nas bibliotecas infantojuvenis, você poderá encontrar dezenas de títulos interessantes, pesquisando por palavras-chave como dinheiro, riqueza, fortuna, prosperidade, mesada, poupança, moedas, negociador e sucesso, entre outras.

Atente para a qualidade moral dos textos. Não é porque o livro aborda finanças que é adequado ao aprendizado. Evite reforçar estereótipos sociais e culturais. O autor Mauricio de Sousa o faz em sua coleção da Turma da Mônica, porém utiliza estereótipos justamente para ressaltar valores de igualdade entre os diferentes personagens. O mesmo acontece na competente coleção Disney: o objetivo da existência do conhecido personagem Tio Patinhas não é ditar um padrão comportamental de sucesso (afinal, o pão-duro se esquece de viver a vida presente), mas sim criar um estereótipo de riqueza para interagir com os diferentes comportamentos dos demais personagens.

Aprendendo pela brincadeira

A ideia de enriquecer brincando lhe parece atrativa? Imagine para seus filhos! A indústria de jogos está tão atenta às necessidades dos pais quanto estão bancos, corretoras e outras instituições. Repare, nas lojas, nas seções de jogos infantojuvenis, sejam eles de tabuleiro ou eletrônicos. Não é raro encontrar temas como mesada, fortuna, banco, lucros e afins.

Mas, apesar de tamanha variedade, enganam-se os pais que pensam que brincar de enriquecer trará sempre contribuições positivas à educação financeira. Um jogo educativo faz pensar, exige decisões, estratégia e astúcia das crianças. É projetado visando aproveitar as diferentes fases de seu desenvolvimento mental. Repare, porém, que a maioria dos jogos existentes no mercado depende exclusivamente da sorte tirada numa carta ou no lançamento de um dado. São jogos de sorte e azar, independentemente dos termos usados em sua arte visual. Não agregam nada além de convívio social entre os que se reúnem para jogá-los.

Ciente da necessidade de um jogo verdadeiramente educativo e adequado para a realidade brasileira, ajudei a desenvolver o jogo de tabuleiro *Renda Passiva*. Diferentemente de outros clássicos, como o Monopoly, ou Banco Imobiliário, que é educativo e estratégico, mas foca apenas na estratégia de investimentos, o *Renda Passiva* exige decisões estratégicas para organizar dívidas e orçamento, investir com risco controlado e administrar decisões de negócios. Apesar dessa variedade de temas, tem uma mecânica de jogo relativamente simples e é adequado para adultos sem nenhum conhecimento sobre o tema e crianças a partir de 10 anos.[9]

Quem já passou pela experiência de jogá-lo durante horas e horas percebeu que é um jogo financeiro genuinamente estratégico. Cada jogador precisa decidir se quita ou não suas dívidas, se investe em sua carreira, se compra ou vende ações e negócios (cujos valores não dependem apenas de sorte nos dados), se investe em renda fixa ou variável e também como conquistar sua independência financeira, em rodadas de jogos que variam entre 1 e 4 horas, dependendo do número de participantes. Decisões de elevado nível estratégico num jogo de regras simples fizeram dele o meu instrumento favorito para educar jovens e adultos não iniciados nas finanças.

---

[9] Mais informações sobre o jogo *Renda Passiva* no apêndice ao final do livro e no site http://jogorendapassiva.com.

Além de ressaltar a importância da interação, um diferencial do jogo é que, para ganhar, o jogador não precisa derrotar os outros. Até as rodadas finais, todos estão construindo sua independência financeira e aprendendo com os erros e acertos dos demais jogadores.

Certamente existem outras boas opções de jogos no mercado, mas minha recomendação aos adultos é que não tratem o jogo apenas como um brinquedo, mas sim como um instrumento educativo para as horas de diversão. Alguns jogos exigirão mais dedicação dos adultos para extrair boas lições, outros serão mais assertivos nesse quesito.

De qualquer forma, um bom jogo não é escolhido pela embalagem ou pelo visual de suas peças. Seu investimento no presente terá maior valor se ele for capaz de entreter de forma inteligente, ao mesmo tempo que desenvolve a inteligência. Procure conhecer antes de presentear.

Aprendendo com vivências cotidianas

Por volta dos 5 a 6 anos de idade, quando a criança começa a aprender noções de matemática na escola, é a época ideal para principiar a dar dinheiro na mão dela no momento de pagar uma compra em lojas, padarias e supermercados, supervisionando-a enquanto manipula o dinheiro e conta o troco. Obviamente, ofereça desafios compatíveis com o grau de conhecimento da criança, começando com trocos não superiores a duas ou três notas ou moedas e progredindo de acordo com seu desenvolvimento na escola.

O supermercado perto de sua casa oferece uma oportunidade de aprendizado perfeita, especialmente para crianças entre 5 e 10 anos de idade, uma vez que é um ambiente em que as diferenças de necessidades entre gerações desaparecem (afinal, todos precisamos de alimentos). Você pode encorajar seus filhos a escolher um produto entre diversas marcas, orientando-os a comparar preços e quantidades em busca da alternativa de maior valor. Além de desenvolver nas crianças a percepção de valor por peso ou volume, essa atividade ajuda a manter suas mãos e mentes ocupadas enquanto você escolhe outros produtos. Uma boa utilidade para aquela montanha de propagandas de supermercados que você recebe regularmente na porta de casa é desafiar os filhos a pesquisar nelas os melhores preços e ofertas, premiando-os com alguma guloseima a mais quando conseguirem bons descontos por meio da pesquisa.

Como dica prática, sugiro adotar seus filhos como "calculadoras humanas" no supermercado. Leve uma calculadora às compras e peça à criança que vá somando o valor de cada item colocado no carrinho. Além de desenvolver as habilidades que ela aprendeu nas aulas de matemática, você terá uma interessante ferramenta de controle pessoal para seu orçamento.

Crianças mais velhas podem ser incentivadas a ajudar nas compras de produtos como móveis, eletroeletrônicos ou presentes, comparando preços na internet ou pesquisando em busca de campanhas de desconto nas lojas virtuais.

Outra situação interessante para o aprendizado é a volta às aulas. Muitos pais chegam ao limite entre a razão e o desespero quando recebem aquela extensa lista de materiais escolares. Aproveite a oportunidade para orientar seu filho a pesquisar os preços em pelo menos duas lojas e montar uma lista dos produtos com uma indicação de qual loja tem o melhor preço. Acompanhe de perto a pesquisa, pois a criança terá uma forte tendência a pesquisar preços dos melhores produtos, e não dos mais baratos. Se for o caso, aproveite para discutir a ideia de valor, desenvolvendo o entendimento desse conceito e propondo um limite de gastos razoável para que a criança possa optar por um ou outro produto diferenciado, mas tenha de fazer concessões quanto à marca para a maioria dos itens.

7

Conversas mais maduras ao longo do tempo

Nem todas as conversas entre pais e filhos serão simples e agradáveis ou pautadas na diversão. Enquanto crescem e amadurecem, as crianças sofrem transformações decorrentes de mudanças em sua estrutura mental, em seu metabolismo hormonal e pela maior exposição ao mundo, com referências externas e valores diferentes daqueles que seus pais procuram cultivar no lar.

Quando os filhos são pequenos, os pais são verdadeiros ídolos. Constituem-se na maior, se não única, referência de comportamento e de modelo a seguir quando crescerem. À medida que crescem, porém, meninos rebelam-se contra a mãe e meninas afastam-se do pai. Se os pais não estiverem suficientemente preparados, atentos e informados sobre a necessidade de respeitar as transformações dos filhos, poderão criar um abismo no relacionamento familiar.

Entre os 5 e 10 anos de idade, a curiosidade dos filhos estará fervilhando, com a enxurrada de conhecimento obtida na escola. Eles não estarão satisfeitos em *conhecer* tudo; farão questão de *entender* tudo, exaurindo seus pais com todo tipo de pergunta, sobre todos os temas. Inclusive sobre dinheiro! É nessa época que surgem perguntas cujas respostas não são tão simples, como:

"Quanto você ganha?"
"Quanto de dinheiro você tem?"

"Quando você morrer, eu vou receber uma herança?"
"Você tem um seguro de vida?"
"Quem ganha mais, você ou o papai? Por quê?"

Entre as crianças de hoje, expostas ao bombardeio cotidiano de informações, eu não me surpreenderia se ouvisse alguma destas perguntas:

"Você tem um plano de previdência?"
"Você fez um plano de previdência para mim?"
"Você compra ações?"
"Onde você investe seu dinheiro? Não investe?!?"

Essa fase de intenso desenvolvimento e confiança mútua tende a ser muito gratificante para pais e filhos. Mas, aos poucos, a desejada liberdade destes começará a ser testada contra os limites daqueles. Os filhos saberão que seus pais não são a única fonte de informação, e nem sempre a de maior credibilidade. Pais acostumados a ter dos filhos total crédito para esclarecimentos sobre o mundo poderão ressentir-se do gradual desligamento destes, que cada vez menos contarão com aqueles para aprender. O mundo dos jovens tende a separar-se do mundo dos pais à medida que eles amadurecem.

Principalmente quando a adolescência começa a raiar, é fundamental tentar entrar no mundo dos filhos e adaptar-se a eles, em vez de exigir que sejam mantidas as regras do passado ou que os filhos moldem-se de acordo com as regras do lar, como sempre aconteceu. O adolescente quer ser reconhecido como adulto, e não mais como criança. E um meio de obter isso é tentar romper com seu passado, desrespeitar regras, "sair de baixo da saia da mãe". Se os pais mantiverem atitudes que eram comuns durante a infância, provavelmente cultivarão o distanciamento dos filhos. É só reparar no comportamento do filhão quando a mãe lhe dá beijos e abraços diante dos amigos (que provavelmente estarão rindo da sua cara) ou da filha quando o pai espera que ela sente em seu colo, como sempre fez.

Pais devem deixar de lado o papel de protetores para assumir o papel de parceiros. Devem se adaptar, apesar de essa adaptação não ser fácil. A deliciosa infância dos filhos deixará saudades, mas a transformação é o caminho para a formação de adultos responsáveis, algo de que também devemos nos orgulhar. Nesse ponto, a necessidade de ensinar com humildade ganhará peso extra, para que os pais mantenham o desejado vínculo com os filhos.

Maturidade para entender

É uma verdadeira ginástica mental para pais saber se determinado momento é ou não adequado para abordar assuntos mais maduros e menos fáceis de tratar. Invariavelmente, sua própria insegurança em abordar temas como sexo, riqueza, religião e responsabilidade acaba enfraquecendo o diálogo entre eles e seus filhos. Por tentarem impor regras em vez de propô-las democraticamente (uma defesa contra a vontade dos filhos de se submeterem menos aos pais), os adultos acabam caindo em contradição. É quando um filho percebe que aquele pai que transgride frequentemente as leis de trânsito é o mesmo que exige, com rigor, que sejam respeitadas as leis criadas por ele no lar. Lembre-se da atitude de ensinar pelo exemplo. Se você quiser compreensão de seus filhos, terá de compreendê-los.

As crianças não têm uma noção exata de valores monetários. De nada adiantará ser extremamente franco e transparente quanto ao orçamento doméstico se elas não estiverem prontas para entender sua franqueza. Por isso, no capítulo anterior enfatizei o uso de jogos, brincadeiras e leituras. Criança quer brincar, e não controlar despesas. O envolvimento dos filhos na herança da família deve ser feito gradualmente, à medida que eles adquirem maturidade. Enquanto não estiverem cientes de que precisam perseguir com suas próprias pernas seus sonhos de consumo e qualidade de vida, e que esses objetivos custarão caro, talvez criem a ilusão de que podem viver com pouco dinheiro e que a riqueza de seus pais lhes basta.

É importante que os filhos saibam que o padrão de vida da família foi construído com muito suor. Isso valoriza os estudos, a escolha da carreira, as boas notas e a busca pelo reconhecimento naquilo que eles se comprometem a fazer.

A partir da adolescência, a introdução de alguns temas fica mais fácil, pois os pais já podem se valer de números, modelos financeiros e dados econômicos para embasar seus argumentos. Os filhos já estarão aptos a entender, graças aos conhecimentos obtidos na escola e em sua vivência. Quando começam a imaginar sua carreira, os jovens percebem suas limitações em termos de conhecimento e experiência. Sonham em estudar fora do país, fazer uma boa faculdade e batalhar por uma boa posição. Percebem que sua vontade de correr o mundo pode consumir boa parte do patrimônio que seus pais suaram muito para conquistar, ou então dependerá de seu suor para ser realizada sem futuras cobranças. Tudo o que eles querem é deixar de ser cobrados. Sua vontade de deixar de depender dos pais começa a se refletir nas decisões financeiras. É uma boa hora para abrir o jogo e discutir estrategicamente a preservação ou, preferencialmente, o crescimento do patrimônio familiar.

Quando e como introduzir novos temas

Não há uma idade específica para que os diferentes assuntos relacionados às finanças da família surjam nas conversas com os filhos. Na verdade, boa parte deles surgirá naquela fase de grande interação e questionamento dos filhos, entre os 5 e 10 anos de idade. Contudo, alguns temas serão mais candentes do que outros em diferentes momentos, dependendo da exposição dos filhos às provocações externas.

De qualquer modo, somente o fato de a criança ter despertado para o assunto não quer dizer que será uma boa hora para tratar dele. Enquanto ela não estiver apta a entender as dimensões da renda, dos gastos e do preço de garantir o futuro (isto é, de poupar o suficiente), abordar esses assuntos pode resultar numa percepção distorcida dos valores financeiros pessoais dos pais.

"Se meu pai é rico – ganha mil reais por mês –, por que ele não compra figurinhas para mim?"

"Se minha mãe gasta R$ 80 no cabeleireiro todas as semanas, por que eu não tenho o direito de ganhar um esmalte de apenas R$ 5?"

É claro que, se os pais vivem comentando entre si que a situação está difícil, que as dívidas não param de crescer e que as empresas de cobrança não param de ligar, qualquer criança entenderá que eles estão quebrando. Não importa quanto ganhem, é um valor insuficiente. De qualquer forma, é uma situação normalmente resultante mais de escolhas ruins dos pais que da baixa renda.

Relaciono a seguir alguns temas-chave que, mais cedo ou mais tarde, serão abordados em família. Incluo algumas sugestões referentes à abordagem que tais temas merecem, para facilitar a vida dos pais.

Renda

Não importa quanto você ganha. Se seu filho pequeno souber, provavelmente acreditará que é muito. De nada adiantará convencê-lo de que sua renda está longe da ideal. A razão para isso está nas referências de valor que ele tem. Para quem convive com gastos limitados a lanches, figurinhas, revistas e pequenas outras realizações, uma semanada de R$ 20 pode ser sinônimo de status entre os amigos. Mesmo que seus pais ganhem dois ou três salários mínimos, para a criança esse dinheiro é muito, dá e sobra para uma vida rica.

Essa percepção não vale só para crianças. Repare nos hábitos de vida das famílias com renda até três salários mínimos. Mesmo ganhando menos que o recomendável para uma vida com qualidade,[1] essas famílias também têm moradia, roupas, alimentação e lazer, porém num padrão inferior ao daquele praticado por famílias que ganham bem mais. Enquanto alguns se deslocam para o trabalho de ônibus, outros disponibilizam para os filhos carros importados, blindados e com motorista. Enquanto alguns lavam cuidadosamente suas roupas versáteis e econômicas no tanque, outros destroem suas roupas finas em sofisticadas máquinas de lavar roupa. Enquanto alguns sofrem para pagar aluguel, outros sofrem para pagar elevadas prestações do financiamento, mais o condomínio, mais os três empregados que mantêm a casa, além do seguro, do serviço de vigilância, da manutenção dos equipamentos importados, do jardineiro e do limpador de piscina. Em ambos os casos, há reclamações de que a renda está apertada, mas em ambos é possível agradecer a Deus pelo que se tem. Se perguntarmos à família que ganha menos o que ela acha das dificuldades financeiras da família mais rica, certamente ouviremos algum comentário irônico.

É a consequente interpretação de abundância que me leva a recomendar cautela ao tratar de riqueza com seus filhos. Eles só vão começar a ter uma percepção adequada das cifras quando passarem a conviver com gastos e compromissos similares aos dos adultos. Isso deve acontecer somente após entrarem para o mercado de trabalho, o que faz da renda dos pais uma informação íntima a ser preservada até que os filhos comecem a arcar com seus próprios gastos, pelo menos parcialmente. Em outras palavras, a renda da família será um segredo para filhos que não demonstrem interesse ou esperteza ao lidar com grandes valores.

Orçamento doméstico

Aparentemente, se os filhos não devem saber da renda real dos pais, está descartada a hipótese de incluí-los nas conversas sobre orça-

---

[1] Segundo o Departamento Intersindical de Estatística e Estudos Socioeconômicos (DIEESE), uma família brasileira precisaria de uma renda de cerca de três a quatro salários mínimos para viver com dignidade, ou seja, garantindo em condições razoáveis moradia, alimentação, saúde, transporte, vestuário, educação, higiene, previdência e lazer. Mais informações em http://www.dieese.org.br.

mento doméstico, certo? Errado! Desconhecer a renda não exclui a possibilidade de conhecer os gastos da família.

Quando os filhos se mostram suficientemente maduros para ajudar a opinar sobre prioridades de gastos e restrições de despesas, é conveniente convidá-los para discutir o orçamento. Este não precisa começar na renda da família, mas sim na *verba disponível* para os gastos básicos mensais. Até chegar a ela, os pais já terão excluído os investimentos feitos no mês, a verba para pagar alguns financiamentos (carro, casa e viagens), a verba para férias (se os pais assim preferirem) e a verba para presentes. A família pode discutir conjuntamente apenas uma parte de seu padrão de vida, cabendo aos pais organizar-se para que a conversa ocorra naturalmente.

O QUE VOCÊ GANHA salários benefícios renda de aluguel etc.	=	GASTOS BÁSICOS moradia alimentação saúde transporte lazer + SOBRA DE RECURSOS	=	INVESTIMENTOS + COMPRA DE BENS

Uma forma de testar se seus filhos estão suficientemente maduros para participar do orçamento doméstico é convidando-os a montar um orçamento mais simples, como o de uma viagem. Quando estiver planejando a próxima viagem de férias, não importa se de dois dias ou de um mês inteiro, convide-os a ajudar na escolha do plano de gastos. Supondo que os pais pensem em gastar R$ 1.200 durante um fim de semana prolongado,[2] comece a "brincadeira" com a verba e comece a tirar os gastos previstos.

---

[2] Perceba como, mais uma vez, a lição ficará impraticável se os pais não adotarem uma vida financeiramente organizada.

+ VERBA PLANEJADA	= R$ 1.200,00
- Hospedagem no hotel para a família (com café da manhã)	= R$ 540,00
- Gasolina (1 tanque para ida e volta)	= R$ 200,00
- Pedágio (ida e volta)	= R$ 90,00
SUBTOTAL A GASTAR	= R$ 830,00
DISPONÍVEL PARA OUTROS GASTOS	= R$ 370,00

Com uma verba disponível de R$ 370, os pais podem colocar em discussão se a família prefere comer melhor ou gastar com passeios, ou até mesmo com compras. É claro que não se esperam respostas totalmente ponderadas dos filhos, como "Prefiro comer num restaurante de primeira a comprar um joguinho". Mas os pais podem desenvolver a argumentação em torno da necessidade de uma boa alimentação, ou então da oportunidade de fazer um passeio diferente, que não seria possível no cotidiano da família.

Veja um exemplo de orçamento que pode resultar de uma boa conversa entre todos:

+ VERBA PLANEJADA	= R$ 1.200,00
- Hospedagem no hotel para a família (com café da manhã)	= R$ 540,00
- Gasolina (1 tanque para ida e volta)	= R$ 200,00
- Pedágio (ida e volta)	= R$ 90,00
SUBTOTAL A GASTAR	= R$ 830,00
DISPONÍVEL PARA OUTROS GASTOS	= R$ 370,00
- 2 refeições completas em família	= R$ 160,00
- 1 refeição leve em família	= R$ 50,00
- Passeio a cavalo para todos	= R$ 80,00
- Verba para o presente da vovó	= R$ 20,00
- Verba para sorvetes ou doces	= R$ 20,00
- Verba para lembranças, joguinhos e presentes	= R$ 40,00
TOTAL A GASTAR	= R$ 500,00

Os filhos adorarão participar dessa brincadeira de adultos, pode ter certeza. Não importa a complexidade do orçamento nem se os resultados obtidos são óbvios demais para os adultos. O aspecto mais interessante desse exercício é a reunião da família em torno do assunto *dinheiro*. Provavelmente, os filhos desejarão verbas maiores para as próximas férias, o que será uma interessante oportunidade para incentivar a conversa sobre planejamento para o futuro e ideias sobre poupança.

Se a participação deles se mostrar madura e interessada – seu papel como incentivador será fundamental para esse plano funcionar –, você poderá ampliar a conversa sobre orçamento para projetos de reforma da casa, de viagens maiores ou de organização da ceia de Natal, entre outros.

Investimentos e patrimônio da família

Se a percepção de renda é desproporcional para quem tem pouco, o deslumbramento em relação ao patrimônio sofre distorções ainda maiores. Se os pais possuem algum patrimônio acumulado, devem levar em consideração que vivemos num país em que ainda não é comum as pessoas acumularem reservas substanciais para o futuro.

Há pessoas que ganham na loteria e conseguem passar a ter, em questão de poucos anos, uma situação financeira pior do que tinham antes de sua sorte brilhar, pois acabam adotando um padrão de vida inconsistente com sua renda.

Em dezembro de 2005, a revista Você S/A *publicou uma matéria de capa sobre meu trabalho, apresentando a seus leitores um plano para conquistar R$ 1 milhão em 10 anos. Na mesma revista, eu esclarecia em entrevista como chegara a esse patrimônio num prazo mais curto, porém adotando o mesmo raciocínio ali apresentado. Fiquei impressionado com a enxurrada de e-mails que recebi na época, com inúmeras propostas: inventores solicitando verba para patentear seus inventos, endividados pedindo colaboração, promessas do esporte pedindo patrocínio, supostos investidores buscando* verbas para negócios duvidosos e as mais diversas instituições pedindo doações. Isso porque R$ 1 milhão parece uma fortuna. Mas, se eu resolvesse parar de trabalhar naquela época e se aquele patrimônio estivesse todo investido de forma conservadora, ele me garantiria cerca de R$ 5 mil de renda ao mês. O patrimônio alardeado assegura-me apenas o título de cidadão de classe média numa cidade de elevado custo de vida, e nada mais. Qualquer dono de empresa que tirasse de seu negócio uma renda mensal de R$ 5 mil ou mais teria, teoricamente, um padrão de vida igual ou melhor que o meu, pois não dependeria de um emprego para obter rendimentos. Dependeria apenas da boa administração dos riscos de seu negócio – apesar de ainda trabalhar, só que para si próprio.

Capa da revista VOCÊ S/A *– dezembro 2005*

É saudável que seus filhos sejam poupados da real situação patrimonial da família até que comecem a adquirir maturidade suficiente para manter e administrar tal patrimônio. Com boa educação financeira, mais cedo ou mais tarde eles começarão a demonstrar interesse pela construção de um patrimônio sustentável. É provável que, nesse ponto, já tenham consciência do padrão de vida da família e comecem a demonstrar preocupação com a valorização dos imóveis, com oportunidades de investimento e com a segurança dos pais para o futuro. Isso geralmente acontece alguns meses após receber o primeiro salário.

Uma forma de introduzir o assunto sem forçar a barra é convidar seu filho para preencher a Declaração de Ajuste Anual do Imposto de Renda dele no mesmo dia em que você preencher a sua, para aprenderem juntos – com a informatização da declaração, todo ano há algo novo para aprender. Mesmo que ele não seja obrigado a declarar seus rendimentos, oriente-o a fazê-lo como um exercício. Só o fato de criar um histórico do patrimônio desde a primeira renda oficial já será motivo suficiente para isso.

Normalmente, quando o assunto passa a ser tratado com naturalidade entre pais e filhos, a sensação mútua é de resgate dos tempos de intimidade que caracterizavam a infância. Por isso, especialistas dizem que temas relacionados ao dinheiro devem ser abordados ao final da adolescência. É quando os filhos já têm sua identidade praticamente formada e não precisam mais recorrer ao artifício de esquivar-se dos pais para não ser rotulados de crianças.

Herança

Falar sobre a herança não é um tema agradável, pois indiretamente tratamos da morte. Não tenha pressa em abordar a herança com seus filhos. Se o papo sobre patrimônio já existir entre pais e filhos maduros, esteja certo de que eles já estarão refletindo sobre esse assunto, assim como incluirão em suas reflexões a possibilidade de vida longa de seus pais e a possibilidade de ajudá-los – financeiramente ou não – na velhice.

Contudo, à medida que o patrimônio cresce, é recomendável que sejam tomadas algumas providências para preservar a riqueza da família. Como se não bastasse o governo tomar mais de 40% de nossa renda enquanto vivemos, nossos filhos ainda terão de arcar com o Imposto sobre Transmissão "Causa Mortis" e Doação (ITCMD ou ITD) e custos de inventário após nossa morte. Sem contar a participação dos honorários advocatícios para o processo de inventário, normalmente de 6% sobre o valor total. Para evitar mais essa participação de terceiros, é importante discutir em família, mesmo que seja com filhos já adultos, as possíveis estratégias de sucessão. A forma mais simples é a doação de imóveis de pais para filhos, em vida, com um contrato de usufruto pelos pais. Enquanto estiverem vivos, os pais têm pleno direito de uso do bem. Essa estratégia obriga os filhos a pagar o

ITCMD, mas livra o bem dos custos de inventário e honorários advocatícios, simplificando e barateando significativamente o processo.

Dependendo do patrimônio da família, justifica-se o investimento em advogados para que seja desenvolvida uma estratégia de sucessão patrimonial, normalmente pela criação de empresas, chamadas holdings familiares, com a função específica de administrar esse patrimônio. Nessa estratégia, as pessoas físicas deixam de ter qualquer tipo de propriedade ou investimento, pois tudo é doado para a holding. Em caso de morte de um dos sócios da holding, a única coisa a transferir é o valor da participação de capital na empresa – normalmente um valor simbólico. Isso reduz sensivelmente o patrimônio individual, mas, devido a seu elevado custo de criação e manutenção, é recomendado apenas para famílias com patrimônio superior a US$ 1 milhão. E não se trata de nenhum tipo de contravenção ou ilegalidade, mas sim de uma estratégia tributária perfeitamente reconhecida em lei.

Tratar do assunto em família é, como no item anterior, uma questão de afinidade. É provável até que o tema seja proposto pelos filhos antes mesmo de ser levantado pelos pais. Uma vez abordado, cabe a estes incentivar os filhos a evoluir com a ideia. Os pais pouco têm a ganhar com isso, pois estarão mortos quando as consequências da negligência surgirem. Mas deve ser pesada a seguinte questão: quando você partir desta para uma melhor, para quem prefere deixar seu patrimônio? Para a família ou para o governo e os advogados?

Negócios da família
Se você é dono de uma empresa, consultório, franquia ou é um profissional liberal bem-sucedido, certamente se preocupa em garantir a seus filhos um futuro tão brilhante quanto o seu, de preferência seguindo a mesma trilha de sucesso. O problema é que nem sempre os filhos têm essa ambição. Muitas vezes, pais preocupados não percebem que talvez não seja nem idade de seus filhos terem ambição alguma. Outras vezes, o excesso de mimos tirou-lhes ambições maiores, o que

passa a ser verdadeiramente um problema. Há também o caso de filhos que, apesar de apaixonar-se pela atividade dos pais, temem vincular sua imagem profissional ao sucesso deles – o que é abominado principalmente por jovens. Tratar com os filhos sobre a possibilidade de seu futuro vincular-se a um negócio familiar é uma tarefa difícil, pois, nessa situação, eles veem uma confusão entre os papéis de pai (ou mãe), chefe e sócio. É uma dificuldade semelhante à que enfrentam casais que trabalham juntos, situação em que é continuamente necessário separar o papel de colega de trabalho do de marido ou esposa.

Não é tão simples lidar com a questão, por isso os pais devem atentar para a melhor forma de fazê-lo. Buscar a orientação de especialistas em gestão de empresas familiares pode encurtar o caminho e evitar conflitos indesejados. Com ou sem a ajuda de especialistas, porém, a alternativa de atuar no ramo dos pais irá aflorar, em algum momento, entre as opções profissionais dos filhos. Provavelmente às vésperas do vestibular ou da *application* para universidades, quando os jovens veem-se pressionados a fazer uma das escolhas mais importantes de sua vida sem antes fazer um *test-drive*. A vantagem do negócio familiar é que o *test-drive* pode ser feito antes das demais atividades.

Como qualquer outro tipo de investimento, uma empresa familiar possui um valor de negociação compatível com o nível de risco administrado por seus proprietários. Avaliar uma empresa não é tarefa simples, por isso filhos costumam demorar muito tempo para perceber o valor patrimonial do negócio de seus pais. Pelo contrário: tendem a desprezar o negócio, tal como crianças desprezam as empresas em que pais assalariados trabalham. O emprego é o "mal" que tira os pais de perto delas. Em razão disso, dificilmente os filhos se sentirão atraídos pela empresa da família até adquirir maturidade.

Esse cenário poderá mudar na fase em que eles começarem a pensar na carreira e perceberem a longa jornada a percorrer até conquistar seu lugar ao sol. É quando os pais podem identificar se há ou não afinidade dos filhos com a atividade desempenhada por eles. Se houver, aos poucos ocorrerá uma aproximação curiosa entre os filhos e o ambiente de trabalho. Como acontece com todos os jovens inseguros, é a perspectiva de uma atividade prazerosa que os conduzirá a uma escolha definitiva.

O papel dos pais, no momento em que os filhos buscam uma aproximação com o mundo dos negócios da família, é de atender à curiosidade. À medida que os filhos soltam a corda, os pais puxam. Deixe-os envolver-se com o negócio, mas evite introduzi-los precipitadamente na rotina da empresa sem que demonstrem interesse por isso. Um erro a evitar é colocar a carroça na frente dos bois, forçando os filhos a preparar-se para a gestão dos negócios quando ainda jovens demais. Com tantas alternativas, aquela de maior pressão dificilmente será a escolha favorita.

Se os filhos não se interessarem pelos negócios da família, o melhor a fazer é desejar-lhes boa sorte na carreira escolhida (com sinceridade, apesar do provável desapontamento dos pais) e pensar em buscar uma forma de fazer da gestão de sua empresa uma estrutura profissional de negócios.

Seguros
Se você possui uma situação financeira confortável para deixar de herança a seus filhos, parabéns. Se ainda não possui, deve se preocupar com pelo menos uma das duas seguintes questões:

- Se você morrer, seu companheiro pode arcar sozinho com as contas que mantêm o padrão de vida da família?
- Se você morrer, há alguma fonte de renda ou de recursos para garantir que seus filhos concluam os estudos e mantenham sua vida até começar a deslanchar na carreira?

Caso a resposta a qualquer uma das perguntas acima tenha sido *não*, recomendo que você contate um corretor de seguros para estudar alternativas de garantir o futuro de seus filhos, pelo menos enquanto é responsabilidade sua prepará-los para o mundo. Seguros de vida não são necessários a todas as famílias, mas são essenciais para aquelas que têm muito a perder em caso de fatalidade ou invalidez de alguém que as sustenta. Já comentei, também, que certos planos de previdência embutem em seus pagamentos mensais algum tipo de seguro. É uma opção prudente e recomendável caso você esteja pensando em garantir os estudos futuros de seus filhos e não tenha nenhuma outra reserva financeira para suprir o insucesso desse plano.

É pouco provável que os filhos demonstrem curiosidade, ainda jovens, em saber se os pais mantêm ou não uma apólice de seguros ou um plano de previdência. De qualquer forma, se surgir algum comentário relacionado, não há mal algum em poder confirmar a eles – já que demonstraram temer a falta dos pais – que foi adotada a responsável atitude de assegurar seu bem-estar até a maioridade.

Investimento na educação dos filhos: responsabilidade dos pais?

Quando pais colocam filhos no mundo – de maneira planejada ou não –, devem estar cientes de que é seu papel prepará-los para a vida. O que esses filhos serão e farão no futuro dependerá quase exclusivamente das escolhas que esses pais fizerem durante seu desenvolvimento. Pais sem tempo para os filhos costumam delegar a outras pessoas – avós, babás, parentes e amigos – aqueles cuidados que não podem suprir, mas mesmo assim a escolha dessas pessoas e as orientações a dar dependem de decisões dos pais.

É sabido que as crianças dependem muito de seus pais, sua principal referência de vida, para a formação de seu caráter. Ter ou não ter tempo para a família é uma escolha pessoal que pode ser planejada ou, pelo menos, negociada a dois. Pais que se esquecem do importante equilíbrio do tempo e acabam se dedicando muito mais ao trabalho do que deveriam, em nome de sua carreira, podem vir a se arrepender profundamente do distanciamento que terão de seus filhos durante toda a vida, inclusive na velhice. Sem vínculo, será muito difícil se aproximar de seus filhos, mesmo quando você passar a ter muito tempo para eles.

Uma vida planejada envolve incluir tempo para uma saudável dedicação aos filhos. E envolve incluir também um considerável volume de dinheiro para uma educação de qualidade. O motivo é que, enquanto os filhos não estiverem preparados para obter renda e crescer na vida, os pais devem assumir a responsabilidade de ajudá--los a sobreviver neste mundo a que foram trazidos.

Filhos com educação precária estão mais sujeitos a ter dificuldades em encontrar seu caminho profissional. A experiência dos pais, seja positiva, seja negativa, deve servir de exemplo para os filhos, mas a oportunidade de escolher os caminhos profissionais dependerá de uma boa base educacional, que permita competir com outros jovens. Cabe aos pais decidir os melhores caminhos para os filhos até a maturidade, e isso inclui uma boa educação.

Se você conseguirá ou não bancar todo o investimento que seu filho merece é uma questão de planejamento, tanto quanto o é ter tempo para dedicar à convivência familiar. Se sua renda não permite sonhar com um padrão elevado de ensino, não espere a necessidade chegar para ir atrás de meios de realizar sonhos. Comece agindo desde já.

Veja as alternativas para viabilizar uma educação de qualidade para seus filhos que descrevo a seguir:

Ensino médio[3] – *uma escola de bom nível para o ensino médio não custa pouco. Com alguma sorte, pode-se até encontrar algum nível razoável de educação no ensino fundamental*[4] *sem pagar muito por isso. Mas um ensino médio de qualidade pode custar muito para uma família menos abastada. Estudos indicam que, em média, a mensalidade escolar aumenta em 30% ao passar do ensino fundamental para o médio. Isso não significa que famílias de classe média baixa estejam fadadas a permanecer em sua classe social,*

---

[3] O mesmo que, há alguns anos, era chamado de colegial ou de segundo grau.
[4] Até a oitava série, atual nono ano.

como acontece com as castas indianas. Atente para o fato de que um planejamento adequado pode elevar sensivelmente o padrão de vida da família. Suponha que, para seu filho cursar um bom ensino médio, você tenha de desembolsar cerca de R$ 3 mil mensais durante três anos, dos 15 aos 17 anos de idade dele. Para garantir essa verba, você pode optar por um esforço mensal menor durante os primeiros 14 anos de vida da criança. Caso você decida aplicar recursos durante os 14 anos num fundo multimercado, supondo ganhos reais de 0,65% ao mês,[5] conseguirá a verba necessária para a educação de seu filho se investir cerca de R$ 317 mensais, cuidando para atualizar esse valor pela inflação a cada ano, pelo menos. Quando seu filho completar 15 anos, você terá verba suficiente para ser sacada aos poucos e garantir os três anos de bons estudos. E, aproveitando que você terá verba disponível, negocie bons descontos para o pagamento à vista no início de cada ano escolar.

Tabela: valor mensal poupado durante os primeiros 14 anos de vida dos filhos, almejando contar com gastos mensais de R$ 3 mil entre os 15 e os 17 anos de idade. A tabela mostra como varia o esforço mensal, de acordo com a rentabilidade obtida nos investimentos.

Juros reais obtidos nas aplicações	Valor a poupar por mês
0,30%	R$ 468,87
0,50%	R$ 375,95
0,65%	R$ 316,86
0,75%	R$ 282,02
0,85%	R$ 250,53
0,95%	R$ 222,14
1,00%	R$ 209,03

Faculdade – *se seus filhos cursarem um bom ensino médio, terão maiores chances de frequentar uma universidade pública gratuita*

---

[5] Considerei aqui ganhos brutos de 1% ao mês, menos 15% de Imposto de Renda e menos uma inflação mensal de 0,2%.

ou de conseguir bolsas de estudo em boas faculdades privadas. Mas, se seu filho não conseguir entrar num curso gratuito, esteja preparado para recorrer a alternativas. Uma delas é planejar-se para bancar a faculdade. Seguindo o mesmo raciocínio que utilizei para o ensino médio, os pais teriam de investir, no mesmo fundo multimercado com ganhos reais de 0,65% ao mês, cerca de R$ 201 mensais (além dos investimentos para o ensino médio) durante 17 anos para arcar com quatro anos de faculdade. Estimei os gastos mensais em R$ 3.500. Para valores maiores, vale o cálculo proporcional (uma faculdade de R$ 7.000 de mensalidade exigiria um ritmo de poupança de R$ 402 mensais ao longo do mesmo período, por exemplo). Mas, se esse cuidado não foi tomado e sua vida já estiver correndo com os filhos em crescimento, é hora de agir. Com boa antecedência, pesquise nas faculdades ou visite-as para discutir se há oferta de bolsa de estudos, financiamento do curso pela própria faculdade ou por algum programa de incentivo a pesquisas. Inúmeras instituições sem fins lucrativos oferecem bolsas de estudos a alunos que se destacam, seja no desempenho escolar, nas pesquisas, na cidadania ou até mesmo no vestibular.

Governo – normalmente, o governo oferece programas de incentivo a estudantes de baixa renda. Muitas famílias simplesmente perdem tais oportunidades por deixar de pesquisá-las. As denominações dos programas e suas principais características de acesso não são permanentes, uma vez que seu lançamento costuma ser usado para fins políticos, causando alterações nas regras a cada quatro ou oito anos. Em 2019, os programas de maior abrangência oferecidos eram o Programa Universidade para Todos (ProUni), o Sistema de Seleção Unificada (SiSU) e o Fundo de Financiamento ao Estudante do Ensino Superior (FIES), do Ministério da Educação. Vale a pena pesquisar as alternativas e também assumir dívidas como a do FIES, pois os juros subsidiados e a maior probabilidade de emprego *após a faculdade proporcionarão as condições para quitar a dívida com certa tranquilidade.*

Bancos – *em períodos de economia mais estável e em crescimento, os bancos costumam expandir as alternativas de crédito para o mercado, e um dos segmentos que crescem nesses períodos é o do crédito educativo. Geralmente, as linhas de crédito mais vantajosas (com juros mais baixos) são oferecidas para cursos de pós-graduação, uma vez que o aluno tem maiores chances de alavancar sua carreira e arcar com as prestações do financiamento após o curso. Não deixe de procurar seu banco e pesquisar também em outras instituições para tratar dessa possibilidade. As condições de financiamento variam bastante de um banco para outro.*

Filhos não são investimento

No item anterior chamei a atenção para o importante investimento *na educação de seus filhos*. Tomei o cuidado de não falar em investimento *nos seus filhos*. Filhos não são investimento. Uma das mais frequentes e equivocadas atitudes dos pais em relação aos filhos é considerá-los como tal. Percebo em famílias de todos os níveis de renda que muitos pais sacrificam-se para assegurar aos filhos a melhor educação, a aquisição de livros solicitados por professores, cursos de idiomas e cursos de especialização, entre outros, objetivando o sonhado sucesso na carreira. Contudo, antes mesmo de essa carreira começar a gerar frutos, esses pais já pressionam os filhos a retribuir o investimento feito, assumindo despesas da família.

Esses pais merecem o crédito por colocar o sucesso de seus filhos em primeiro lugar. Mas não deveriam exigir desses jovens o retorno do investimento, até mesmo porque os pais devem entender sua responsabilidade de criar e educar os filhos. Se há algum investimento a gerar retorno, é o investimento de seu tempo para assegurar a seus filhos o apoio e o carinho necessários que uma família deve suprir.

Uma boa relação com os filhos gerará maior solidez familiar e provavelmente trará uma grande retribuição na mesma moeda investida. Talvez os filhos até desejem, de coração, contribuir com o pagamento de gastos de seus pais, principalmente se as condições da família forem limitadas e houver grande sacrifício para garantir a educação. Mas contribuição é diferente de imposição.

O investimento financeiro nos estudos dos filhos demora a gerar seus efeitos. Mesmo com boa educação, jovens inexperientes ganharão pouco. Muito menos do que estarão ganhando alguns anos depois, ao adquirir experiência. Mas é nessa época em que ganham pouco que eles devem começar a cuidar de seu futuro, antes de ter filhos, para assegurar estabilidade e tranquilidade à nova família que se formará.

Se, nessa fase fundamental para o enriquecimento dos filhos, houver pressão dos pais pela retribuição dos investimentos feitos nos estudos, a pouca renda não resolverá as dificuldades financeiras dos pais e a situação condenará os jovens a um futuro pouco próspero. É o que chamo de perpetuar a pobreza de nosso país. Pais não constroem riqueza, dependem de seus filhos para se manter, trazem a eles dificuldades financeiras e a pouca herança deixada serve apenas para cobrir dívidas. Por não cuidarmos adequadamente de nosso futuro pessoal, conduzimos nossos filhos a um futuro de dificuldades.

Pais que penam para garantir os estudos dos filhos talvez tenham errado no passado ao não se precaverem para essa necessidade. Não devem cobrar os filhos por seus erros, mas sim começar a agir o quanto antes para construir riqueza.[6]

Emprestar para os filhos *versus* "paitrocinar"

Como consultor financeiro, jamais recomendo que se desenvolva o hábito de emprestar dinheiro a pessoas queridas. Empréstimos em

---

[6] Se você não sabe como ou não acredita que é possível construir riqueza dependendo apenas de você mesmo, recomendo a leitura de meu livro *Dinheiro: os segredos de quem tem* (Editora Sextante).

família raramente funcionam, sejam eles entre pais e filhos ou entre quaisquer parentes e amigos próximos. Bons motivos certamente não faltarão. Para pessoas queridas: cobrir custos de um acidente, salvar uma empresa com problemas de caixa, garantir o pagamento da escola de um sobrinho ou viabilizar uma celebração importante em família. Para filhos: viabilizar uma viagem de férias, pagar a entrada do primeiro automóvel, adquirir equipamentos para a prática de esportes, participar da tão sonhada competição esportiva ou fazer um curso de artes. Sempre haverá bons motivos para dar uma forcinha financeira. Mas evite emprestar. Se tiver vontade de ajudar, doe recursos. Patrocine os sonhos de pessoas queridas.

Empréstimo envolve uma relação de confiança, em que alguém transfere para outros parte dos frutos de seu sacrifício pessoal em troca de uma simples promessa de devolução. As intenções podem ser as melhores possíveis, mas as consequências não tardarão a vir. Como a ajuda financeira é uma situação constrangedora, normalmente a transação acontece com grande economia de palavras e raramente é documentada. "Fique tranquilo, pague quando puder" é a expressão comumente usada. O problema é que não é muito fácil perceber a hora de "poder pagar". Por exemplo, alguma vez você já teve a sensação de ter dinheiro sobrando?

A novela dos problemas resultantes desse excesso de confiança entre parentes é conhecida de muitas famílias. A falta de iniciativa do devedor em honrar uma dívida provoca comentários indesejáveis ou incômodos de ambas as partes, o que pode resultar em esfriamento da relação.

O problema é inevitável, pois a ausência de regras rígidas cria uma situação flexível, cujos limites serão interpretados de formas diferentes por cada parte. São raros os casos de consenso. E pode ser ainda pior quando se resolve estabelecer um contrato entre as partes, pois o devedor talvez interprete que não há mais confiança do outro em sua boa vontade de pagar.

Se, por algum motivo, acontecer de se estabelecer um empréstimo entre pessoas muito íntimas, minha sugestão é que a parte devedora mantenha uma postura extremamente ativa, propondo a elaboração de um contrato, contatando o credor frequentemente para agradecer e prestar contas de sua situação e procurando quitar seu compromisso o quanto antes. Mesmo que o credor insista em recusar tal postura. É a única maneira de preservar a qualidade do relacionamento.

Quando sugeri exercitar a prática de empréstimos através da mesada, o fiz porque o controle do dinheiro está, nessa fase, nas mãos dos pais, o que dispensa os filhos da postura de devedor ativo, com iniciativa para honrar o compromisso. Se você emprestar dinheiro a seus filhos em uma fase de maior independência, dificilmente terá deles essa postura ativa, por duas razões: a inexperiência em conflitos desse tipo e a limitada renda que jovens têm, normalmente exigindo deles prazos maiores para saldar compromissos. Para preservarem seu relacionamento com os filhos, os pais devem seguir a mesma recomendação válida para ajudar outros parentes e amigos próximos. Usando um neologismo, "paitrocine", isto é, doe recursos, ou então dedique seu tempo e seus recursos não financeiros a ajudar a solucionar a emergência financeira, se for o caso. É melhor aproveitar sua experiência e seu conhecimento de bancos para orientar seu filho a buscar crédito numa instituição financeira, por exemplo. É melhor também oferecer a ele um estágio remunerado, emprestar seu carro até que ele possa comprar o próprio ou pagar um fim de semana de lazer para que ele tenha folgas no orçamento, em vez de propor um contrato de empréstimo. Os papéis de pai e mãe não devem ser confundidos com o papel dos bancos.

8

Filhos mais ricos

Preparar filhos para a riqueza é um belo desafio, ainda mais numa sociedade que está apenas engatinhando em relação a seu potencial de construção de riqueza. Devido a nossas raízes culturais e religiosas, muitos ainda veem o enriquecimento e o lucro como resultados da exploração de terceiros, algo de que você deve manter distância para garantir seu lugar no céu. Pode ser que você enfrente resistências de pessoas queridas ao esclarecer sua preocupação com o enriquecimento dos filhos. Mantenha firme o mesmo propósito que provavelmente trouxe este livro a suas mãos: o bem-estar tem seu preço, e você sabe que a construção de riqueza trará mais qualidade de vida, segurança e tranquilidade para sua família se feita com os devidos valores morais.

Provavelmente, o enfoque que dei ao texto deste livro pode ter lhe dado a impressão de que todas as decisões que tomamos na vida devem ser de caráter econômico-financeiro. E realmente o são, em algum aspecto. Você pode escolher amar, curtir a família, doar, relaxar e fazer várias outras coisas que lhe farão bem sem que exista alguma interação com dinheiro nessas escolhas. Mas, para ter tempo para tais prazeres, você precisa estar tranquilo e seguro. Talvez precise abrir mão de horas de trabalho que o remunerariam bem. Talvez sua tranquilidade dependa da contratação de um seguro, ou de uma forte disciplina para manter tal qualidade de vida sem extrapolar seu orçamento. Boas escolhas em relação a seu limitado dinheiro podem lhe trazer paz. Você imaginaria uma pessoa atolada em dívidas espreguiçando-se deliciosamente a cada manhã, ou então pulando da cama para dizer um saltitante "bom-dia" aos filhos? Se essa pessoa não estiver em paz com suas finanças, seu dia começará bem diferente, isso se ela passar pela noite. Tranquilidade financeira significa ter opções, o que muitos endividados infelizmente não têm.

É por isso que, no meu papel de especialista da área, procurei abordar situações importantes da educação dos filhos sob a ótica financeira. Para que você entenda os porquês de algumas falhas e procure eliminá-las. Não espere, com apenas bons conhecimentos de finanças, formar adultos sadios, equilibrados, capazes de tomar conta de si mesmos e de relacionar-se adequadamente com o mundo que os cerca. Outros fatores serão fundamentais nessa jornada comum de pais e filhos, como o companheirismo, o respeito, a atenção à saúde e à alimentação, o convívio social e a proteção. Esses fatores traduzem melhor a ideia de riqueza do que o saldo que possuímos no banco.

O que os pais deveriam esperar dos filhos adultos

Lembre-se sempre que filhos não são investimento. Essa percepção é importante para que os pais não passem boa parte da vida esperando uma riqueza que talvez nunca venha. O maior retorno que os filhos podem dar vem na forma de gratidão, respeito e carinho – coisas simples que faltam a muitos pais hoje em dia.

Com boa educação, nossos filhos provavelmente irão longe, pois a educação não só prepara para o melhor como também ajuda a evitar o pior. Com boa educação financeira, você os ajudará a construir uma vida rica de momentos felizes e mais segura, além de ajudá-los a evitar muitas armadilhas que estão pelo mundo em busca de desavisados.

Seus filhos são seres humanos, e essa condição dá a eles o direito de errar. Não cultive apenas o sucesso e a perfeição. Seja pai ou mãe também na hora do fracasso, pois muitos fracassos trarão lições importantes para seus filhos, como trouxeram para você. Evite pressioná-los por conquistas financeiras, pelo sucesso empresarial, pela fama como artistas ou desportistas. Pode ser que o grande sonho de seus filhos seja apenas o de serem pais ou mães competentes como você se esforçou em ser. Se as escolhas deles respeitarem suas vontades íntimas e eles trabalharem com paixão, é provável que o sucesso ou o reconhecimento batam à porta quando eles menos esperarem.

Uma boa educação financeira pode ajudar a despertar o espírito empreendedor de seus filhos, uma vez que eles podem crescer com maior avidez pela conquista de resultados e trocar a segurança do emprego pelo risco de um negócio próprio. Contudo, o espírito empreendedor envolve também lidar com pessoas, negociar, desenvolver uma visão abrangente dos problemas e vender ideias. Essas qualidades não são desenvolvidas simplesmente com educação financeira. Um universo de escolhas feitas pelos pais ajudará a preparar os filhos para a vida.

De qualquer forma, uma vida rica envolve equilíbrio. O bom planejamento financeiro pode fazer com que seus filhos viabilizem uma vida de bons momentos e construam fortuna com disciplina ao longo de vários anos. Saber que você foi responsável por criar as bases necessárias para que eles cheguem lá um dia será a certeza de que boa parte de seu papel de pai, mãe ou educador foi cumprida com sucesso.

Riqueza da família

Famílias que sabem construir riqueza e lidar bem com ela normalmente abandonam, com o tempo, o foco no patrimônio ou na riqueza em si. Talvez, até conquistar um nível de independência financeira, você precise olhar todos os dias para a foto da casa de seus sonhos grudada no espelho da penteadeira. Muitos acreditam em artifícios desse tipo. Contudo, à medida que sonhos materiais vão sendo realizados, novos sonhos normalmente deixam de ser o foco de atenção e mesmo assim continuam acontecendo.

Um casal pode sacrificar-se por anos e anos até quitar a casa própria. Quando conseguirem, é provável que, com muito menos sacrifício, consigam uma casa de campo ou de praia. Isso não quer dizer que a sorte aumenta ao longo da vida. Três fatores imperceptíveis passam a fazer parte dos planos de famílias que enriquecem.

O primeiro deles é o *aprendizado*. Parece difícil realizar os primeiros sonhos porque não estamos acostumados a fazer planos para atingi-los. Com o tempo, aprendemos a fazer melhores escolhas para nosso dinheiro e adquirimos uma disciplina que não existia no início.

Outro fator importante é a *consolidação da renda*. Com o tempo e, principalmente, com o nascimento dos filhos, o maior grau de responsabilidade faz com que as decisões de gastos dos pais sejam mais contidas e conservadoras. Isso acontece simultaneamente ao natural incremento da renda da família, devido ao aumento da experiência profissional dos pais.

O terceiro fator, que acredito ser o mais importante e também o mais imperceptível dos três, é a *motivação trazida pela conquista*. Quem já quitou o financiamento de um automóvel ou um longo financiamento da casa sabe que a sensação de prazer é indescritível. Consolidar conquistas traz para o lar uma deliciosa energia que nos motiva a fazer novos planos e novos sacrifícios para realizá-los. É essa motivação, uma espécie de vício empreendedor, que faz com que as escolhas passem a ser menos pautadas na necessidade do que na celebração em família.

Quem compra uma casa de campo não quer simplesmente "um lugar fora da cidade para descansar". Sem dúvida, o que essa pessoa quer é um lugar para reunir a família e os amigos. É essa motivação familiar que passa a mover as escolhas dos adultos quando seus filhos começam a dar sinais de querer maior independência. E esse é o grande sentido da riqueza da família. É para realizar sonhos dessa natureza que filhos se unem aos pais para a compra de um carro, de uma casa ou de uma viagem, que um tio paga os estudos do sobrinho e que filhos menores esforçam-se para reduzir seus gastos. Mais que buscar a segurança, a riqueza da família está na realização de sonhos. Com filhos adultos, o patrimônio dos pais confunde-se com o deles. A separação acontece apenas na Declaração de Imposto de Renda de cada um. Pouca diferença faz de onde sai a verba para pagar os gastos de fim de semana. O que importa é que tais gastos garantem momentos felizes em família.

É por esse motivo que, com o passar dos anos e com a reaproximação entre pais e filhos que costuma acontecer pela vinda dos netos, deve ser incentivada novamente a conversa familiar sobre dinheiro, a fim de evitar a acumulação desnecessária, às vezes decorrente do receio dos pais de uma possível falta de amparo no futuro. Com o convívio mais intenso de avós e netos, parte dos gastos dos avós pode passar a ser suprida pelos filhos ou vice-versa. Se pais com boa gestão de suas finanças procuram manter seu patrimônio ao mesmo tempo que filhos buscam sua independência financeira cada vez mais cedo, o resultado pode ser uma renda duplamente assegurada – pois um dia o patrimônio dos pais passará aos filhos. Essa é a razão que leva muitos pais de classe média a incentivar seus filhos a viver bem e curtir a vida. No fundo, sabem que seu patrimônio pessoal dará uma boa força à segurança da família futuramente. Cabe aos filhos, de maneira responsável, diante de tais incentivos, não exagerar na dose para não comprometer a segurança de seus pais.

Doar é parte do sentido da riqueza

Por preocupar-se com a educação financeira de seus filhos, sem dúvida alguma você estará feliz se, um dia, seu filho realizar a façanha de quebrar um cofre cheinho de moedas ou se comprar algum item de alto valor após meses de sacrifício próprio. Será sinal de que ele aprendeu a dar atenção aos princípios financeiros fundamentais e desenvolveu a disciplina necessária para colocá-los em prática. Quebrar o primeiro cofrinho ou fazer uma primeira grande compra é um passo importante para um filho capaz de construir riqueza, talvez tão importante quanto o engatinhar para que ele ande alguns meses depois.

Destaquei ao longo do livro a importância do consumo como contraponto da acumulação: somente quando ambos estão em equilíbrio é que se obtém o real significado de riqueza. Em outras palavras, riqueza presente sem garantias para o futuro ou a certeza de um futuro próspero sem vida presente são duas faces da mesma moeda. Não há sentido em chamar de riqueza uma situação que tem um lado de pobreza.

Mas um ponto importante a salientar é que a riqueza não envolve somente a dualidade presente-futuro. Ela tampouco faz sentido se for construída somente para você; para ter algum sentido, ela deve ser compartilhada. Por isso, a intenção de comprar bens de alto valor leva em consideração a percepção do outro. Compramos uma casa de campo para nossos amigos e familiares, compramos um veleiro para convidar alguém a nos acompanhar, fazemos viagens com amigos para depois rirmos das fotos. Há algum sentido em comprar joias para si mesmo? É importante assegurar, portanto, como parte da educação financeira, o prazer da conquista para todas as pessoas que se beneficiam dela. Não é o bem-estar de seu filho que deve ser valorizado, mas sim o bem-estar das pessoas a quem ele quer bem. Isso é mais simples de ser compreendido por uma criança que os aspectos financeiros em si.

Pelo mesmo motivo, estimule em seus filhos a atitude de doar. Quando você fizer qualquer tipo de doação, seja de roupas, verbas, gorjetas, tempo ou comida, lembre-se de mostrar a seu filho que é papel daqueles que têm sucesso retribuir à sociedade as oportunidades e o reconhecimento que os fizeram prosperar. Esse tipo de estímulo ameniza a percepção, incômoda para as crianças, de que a vida é uma competição em que, para você vencer, outros têm de perder. O estímulo à doação não deve esperar uma idade certa. Pode começar até mesmo no primeiro cofrinho de seus filhos. Eles adorarão a ideia.

Todos ganham

Faço questão de reforçar em todos os meus livros o poder multiplicador que a riqueza tem na sociedade. O melhor jeito de erradicar a maior parte da pobreza de um país é com educação de qualidade, que inclua ensinamentos básicos para a construção de riqueza, como os que apresento neste livro. Estou absolutamente certo disso.

Eu adoraria que pais e mães percebessem que podem e devem garantir o pagamento não somente das contas do mês, mas também das contas da aposentadoria, e que o esforço para conseguir isso não é descomunal, se feito com organização e disciplina. Quando isso passar a acontecer, vidas serão transformadas, transformando também a sociedade.

Em vez de perpetuarmos pobreza, com filhos cobrindo os erros dos pais, passaríamos a multiplicar riqueza, com filhos recebendo de herança dos pais os frutos de uma vida bem planejada, conscientes do que fazer para preservá-los. Famílias mais ricas gastam mais, enriquecendo as empresas que lhes vendem produtos e serviços, que por sua vez empregam mais pessoas. Se dependermos da boa vontade política para mudar nossa sociedade, daqui a 500 anos estaremos em situação pior do que na época do descobrimento do país. Assumir a missão de cuidar do futuro de seus filhos é, acima de tudo, um ato de cidadania que multiplicará efeitos para pessoas que você jamais conhecerá.

Por essa razão, incentivo especialmente a criação de grupos para tratar do assunto. Compartilhe com outros pais seus objetivos de construção de riqueza. Faça circular entre pessoas queridas este e outros livros que ensinam a construir riqueza. Se você, pai ou mãe, sentir-se à vontade para tratar do assunto, ofereça-se como voluntário ao grupo de pais da escola de seus filhos ou de sua igreja para palestrar sobre o tema. Você perceberá como o retorno dessa nobre atitude virá rapidamente.

Nunca é tarde para ajudar seu filho

Você deve ter percebido que a educação financeira dos filhos depende mais da transformação dos pais do que das crianças. Seus filhos provavelmente terão dificuldades em lidar com dinheiro se vocês:

- não corrigirem suas próprias deficiências quanto ao uso do dinheiro;
- não dedicarem tempo a eles;
- não entenderem que a educação financeira demanda seu tempo e sua dedicação para viabilizar atividades interessantes, infantis e criativas.

Não cultivo a ilusão de que, com este texto, estou tornando fácil a tarefa de educar filhos. Ela sempre foi e continuará sendo uma tarefa árdua, complexa, às vezes ingrata, mas, sem dúvida, apaixonante. Meu objetivo, com este trabalho, foi compartilhar com milhares de leitores ideias e sugestões que, quando aplicadas, vi funcionar muito bem, ao acompanhar a vida de famílias com e sem problemas financeiros.

Talvez você tenha sentido que algumas orientações são tão importantes para você quanto para seus filhos. Se você aprendeu muitas coisas relevantes para sua vida financeira pessoal adulta, é um bom sinal. Nunca é tarde para obter conhecimentos que teriam sido úteis lá na sua infância. Coloque-os em prática e faça o bem de ajudar seus filhos a colocá-los também.

Se você tem filhos e sente que está procurando meios de educá-los para as finanças tarde demais, devo informar-lhe que você está errado. Nunca é tarde para ajudar seu filho, principalmente porque ainda vivemos no país com os maiores juros do mundo, com um sistema financeiro entre os mais modernos e informatizados do mundo e com uma abundância de informações que ainda fazem do Brasil um dos melhores lugares do mundo para construir riqueza. Aproveite esta situação, porque, com a consolidação da estabilidade econômica e, principalmente, com o esperado enriquecimento das empresas e das famílias, a competição pela riqueza exigirá dos investidores do futuro maior dedicação à busca de informações.

Não importa quanto você conseguirá gerar de riqueza para seus filhos. O que importa são as lições que você tem a passar para eles – e que, tenho certeza, jamais serão esquecidas.

Desejo sucesso e muita riqueza a sua família. De preferência, com muito dinheiro também!

Agradecimentos

Nesta minha rica trajetória tenho incontáveis agradecimentos a fazer, porém não posso deixar de destacar nesta obra a importância de algumas pessoas muito especiais. Em primeiro lugar, meu agradecimento especial a Marcos Pereira e Tomás Pereira, por me acolherem na Editora Sextante, pela qual tenho profunda admiração.

Obrigado também a Virginie Leite, pela paciência com a revisão e montagem da arte-final.

A minha sócia, Jéssica Pascarelli, sempre atenta aos cuidados para educar os mais jovens.

E, sem dúvida alguma, os mais importantes de todos os agradecimentos à minha amada Adriana, com quem divido tudo nesta vida, e a meus filhos, Guilherme, Gabrielle e Ana Carolina, que me inspiram e me ensinam a ensinar.

Para mais informações e contatos com o autor:

🏠 gustavocerbasi.com.br
🏠 jogorendapassiva.com
📷 @gustavocerbasi
▶️ GustavoCerbasibr
📘 gustavocerbasioficial
🐦 @gcerbasi

Apêndice

Jogo *Renda Passiva*

O jogo de tabuleiro *Renda Passiva*, concebido com base nos livros e na filosofia de Gustavo Cerbasi, simula decisões da vida adulta com o objetivo de estimular boas escolhas financeiras sem depender da sorte dos dados ou das cartas.

Vence quem alcançar primeiro a independência financeira, adotando as melhores estratégias para administrar as próprias dívidas e investindo em negócios, renda fixa, imóveis e ações.

Os elementos do jogo permitem que os jogadores explorem temas fundamentais para uma boa educação financeira, de maneira que possam entender os conceitos enquanto os validam na prática, ao longo da partida.

FICHAS

Cada jogador recebe uma das 6 fichas financeiras disponíveis, contendo um breve resumo das principais características de seu personagem.

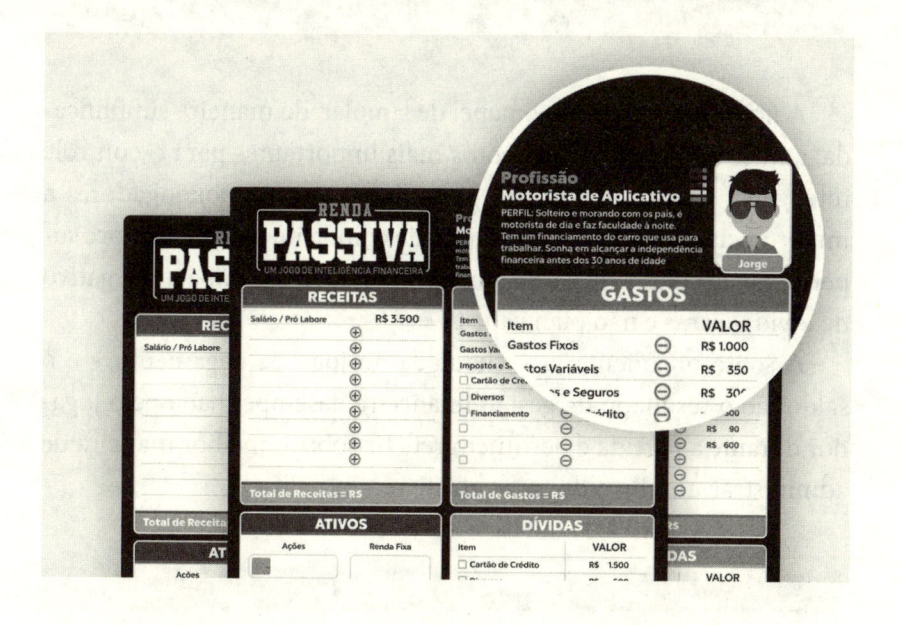

Nesse momento, o jogador tem seu primeiro contato com um modelo simplificado de orçamento, em que são apresentadas as *receitas* e *despesas* de seu personagem, os ativos conquistados e as dívidas atuais, que deverão ser quitadas a partir das estratégias escolhidas ao longo do jogo.

RECEITAS	
Salário / Pró Labore	R$ 7.000
⊕	
⊕	
⊕	
⊕	
⊕	
⊕	
⊕	
⊕	
Total de Receitas = R$	**7.000**

GASTOS		
Item		VALOR
Gastos Fixos	⊖	R$ 2.300
Gastos Variáveis	⊖	R$ 1.500
Impostos e Seguros	⊖	R$ 500
☐ Cartão de Crédito	⊖	R$ 800
☐ Diversos	⊖	R$ 300
☐ Financiamento	⊖	R$ 400
☐ *Empréstimo*	⊖	*R$ 250*
☐	⊖	
☐	⊖	
Total de Gastos = R$		**6.050**

A ficha financeira tem o papel de simular, de maneira simplificada, a interação com os elementos mais importantes para o controle inteligente da vida financeira pessoal. Ela mostra aos jogadores a importância de manter o valor total da coluna de receitas sempre superior ao da coluna de gastos, tornando evidente o impacto negativo de dívidas caras e não planejadas.

A sobra orçamentária – chamada no jogo de pagamento – e o saldo são o resultado da gestão financeira desempenhada pelo jogador durante a partida e permitem refletir sobre a melhor maneira de administrar um fluxo de caixa positivo.

RESULTADOS	
PAGAMENTO R$ **950** (Adicionar ao saldo) ⊕ ⬇	**RENDA PA$$IVA** R$
SALDO R$ **20.000**	

A conquista do objetivo do jogo passa necessariamente pelo saneamento adequado das dívidas, em conjunto com uma série de boas escolhas de investimentos – cujas opções são apresentadas no jogo.

TABULEIRO

O tabuleiro foi pensado de forma a garantir que os jogadores tenham plena autonomia para construir seu próprio caminho, de acordo com as estratégias que adotarem. Assim, eles têm feedback em tempo real sobre as consequências de suas escolhas e podem decidir manter ou alterar seus planos rumo à conquista da independência financeira.

Inicialmente posicionados no início do tabuleiro, os personagens se movimentam a partir do número tirado no dado e não precisam seguir uma direção específica. Quando diante de bifurcações, eles podem escolher qual caminho tomar.

Em cada um dos cenários apresentados, os jogadores poderão sacar uma carta da pilha correspondente à cor do símbolo da casa onde se encontrarem.

CARTAS

As cartas de investimento são divididas em: Negócio, Imóvel, Renda Fixa e Variação.

As cartas de Negócio representam uma oportunidade de investimento em negócios de grande ou pequeno porte. De maneira didática, a carta apresenta a quantia necessária para se tornar sócio ou iniciar aquele negócio, o retorno mensal gerado (fluxo de caixa) e o ROI (Return On Investiment, ou retorno sobre o investimento) em termos percentuais.

Essas informações fornecem as condições para a tomada de decisão dos jogadores, principalmente em comparação com os resultados obtidos por outras cartas de investimento disponíveis.

De maneira similar, as cartas do tipo Imóvel contêm um resumo sobre as principais características financeiras daquela oportunidade. Nesse caso, os jogadores pagam o valor correspondente à entrada e o retorno mensal é calculado a partir da diferença entre o montante financiado e os ganhos com o aluguel da propriedade. Além disso, o jogador tem a informação do preço médio de mercado caso deseje vender seu bem em um momento posterior do jogo.

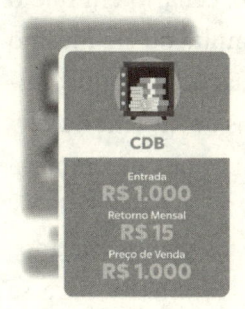

As cartas do tipo Renda Fixa apresentam títulos públicos (Tesouro Direto) e privados, como CDBs e LCIs. Cada jogador escolhe quantas unidades do título deseja adquirir e obtém a informação do retorno correspondente.

Um pouco diferente dos tipos de investimento anteriores, a mecânica das cartas Variação (que se referem a investimentos em ações) simula bem a dinâmica de compra e venda da Bolsa de Valores. O *Renda Passiva* conta com quatro empresas listadas em sua Bolsa, cada uma com o valor de referência de R$ 25.

Cada carta Variação conta com valores positivos e negativos, que devem ser subtraídos ou somados aos R$ 25 da referência. Dessa forma, os jogadores terão cotações atualizadas a cada rodada e específicas para si, a partir das quais poderão tomar as decisões de compra e/ou venda.

Como forma de possibilitar mais uma estratégia de ganho, foram acrescentadas as cartas Oferta. Cada uma delas contém uma proposta de compra de negócios ou imóveis adquiridos pelos participantes. Com essa estratégia adicional, o jogador pode refletir sobre o que é mais vantajoso: conseguir uma venda e obter um bom lucro ou manter o fluxo de caixa atual dos ativos presentes em sua carteira.

A fim de estimular a criatividade dos jogadores e aproximar ainda mais as experiências do jogo das contingências da vida real, foram criadas também as cartas Surpresa.

Essas cartas podem conter situações de risco, cenário em que o participante terá que arcar com o custo de uma multa ou até mesmo com as despesas da chegada de um filho; ou situações de oportunidade, em que haverá a reflexão sobre os benefícios de investir na carreira ou a chegada (mais que bem-vinda) de um bônus da empresa ou do 13º salário.

Assim, quando essas cartas entram em cena, os planos traçados com base em um cenário anterior poderão ser reajustados para se adequar à nova situação. Isso estimula a flexibilidade e exige do jogador um processo de tomada de decisão que leva em consideração os resultados possíveis, os objetivos que ele pretende alcançar e a forma como os oponentes estão conduzindo seu próprio processo de enriquecimento.

PAIS E PROFESSORES

O jogo *Renda Passiva* foi desenvolvido primordialmente como ferramenta educativa e, portanto, oferece uma série de possibilidades para o ensino em sala de aula ou até mesmo em casa.

Para auxiliar no objetivo educacional de pais e educadores, foi desenvolvido um manual de atividades com sugestões de utilização do jogo segundo propósitos educacionais específicos e que contam com o passo a passo para tornar a jornada de aprendizado ainda mais divertida e proveitosa.

Caso tenha interesse em conhecer mais sobre as oportunidades pedagógicas do jogo *Renda Passiva* e em obter uma cópia do manual de atividades sugeridas, acesse o site http://www.jogorendapassiva.com.

É possível assistir ao gameplay (simulação de uma partida do jogo) acessando http://bit.ly/gameplay-rp.

Para saber mais informações sobre como adquirir seu exemplar do jogo, tirar dúvidas sobre a jogabilidade e ficar por dentro de todas as novidades, basta acessar o site oficial www.jogorendapassiva.com e seguir os perfis nas redes sociais.

◉ @jogorendapassiva
❋ jogorendapassiva
▶ jogorendapassiva

CONHEÇA OS LIVROS DE GUSTAVO CERBASI

Mais tempo, mais dinheiro

Casais inteligentes enriquecem juntos

Adeus, aposentadoria

Pais inteligentes enriquecem seus filhos

Dinheiro: Os segredos de quem tem

Como organizar sua vida financeira

Investimentos inteligentes

Empreendedores inteligentes enriquecem mais

Os segredos dos casais inteligentes

A riqueza da vida simples

Dez bons conselhos de meu pai

Cartas a um jovem investidor

Para saber mais sobre os títulos e autores da Editora Sextante,
visite o nosso site e siga as nossas redes sociais.
Além de informações sobre os próximos lançamentos,
você terá acesso a conteúdos exclusivos
e poderá participar de promoções e sorteios.

sextante.com.br